Peter Filzmaier/Daniela Ingruber

Politische Bildung in Österreich
Erfahrungen und Perspektiven eines Evaluationsprozesses

Peter Filzmaier/Daniela Ingruber

Politische Bildung in Österreich

Erfahrungen und Perspektiven eines Evaluationsprozesses

STUDIENVerlag
Innsbruck-Wien-München-Bozen

Gedruckt mit Unterstützung durch das Bundesministerium für Bildung, Wissenschaft und Kunst, das Land Tirol und die Universität Innsbruck.

Die Deutsche Bibliothek - CIP-Einheitsaufnahme

Filzmaier, Peter:
Politische Bildung in Österreich : Erfahrungen und Perspektiven eines Evaluationsprozesses / Peter Filzmaier ; Daniela Ingruber. - Innsbruck ; Wien ; München : Studien-Verl., 2001
ISBN 3-7065-1540-7

A-6010 Innsbruck
e-mail: order@studienverlag.at
homepage: www.studienverlag.at

Layout und Umschlag: STUDIENVerlag/Günther Reinalter

Gedruckt auf umweltfreundlichem, chlor- und säurefrei gebleichtem Papier.

Inhaltsverzeichnis

1. Einleitung:

Politische Bildung in Österreich, Entwicklungen im Schulbereich und Grundlagen eines Evaluationsprojekts – Ein Überblick

1.1 Nationale Dilemmata politischer Bildungsarbeit

Als die Internationale Vereinigung für die Evaluation von Bildungsleistungen *(International Association for the Evaluation of Educational Achievement/IEA)* 1998/99 die politische Bildungsarbeit in 24 Ländern verglichen hat, fehlte Österreich.[1] Die politische Bildungsarbeit in Österreich weist in der Zweiten Republik eine durch relative Inaktivität und Passivität geprägte Geschichte auf.[2] Zur Jahrhundertwende sind internationale Kooperationen zwar vorhanden – von institutioneller Seite insbesondere mit der Bundeszentrale Politische Bildung (BPB) in Bonn bzw. Berlin und dem *Instituut voor Publiek en Politiek (IPP)* bzw. dem *„Politeia" – Network for Citizenship and Democracy* in den Niederlanden – jedoch relativ selten, unsystematisch und mangelhaft koordiniert.

Das Defizit an Politischer Bildung in Österreich resultiert einerseits aus der sich 1945 anstatt einer „Tätertheorie" durchsetzenden Annahme, dass Österreich 1938 ausschließlich ein Opfer nationalsozialistischer Aggression war. Daraus abgeleitet wurde der Bestand einer lediglich von 1938 bis 1945 unterbrochenen österreichischen Kontinuität und – im Unterschied zur späteren Bundesrepublik Deutschland[3] – die fehlende Notwendigkeit für eine umfassende Politik der politischen Resozialisierung. Politische Bildung als Instrument der Resozialisierungspolitik verfügte in Deutschland über einen hohen Stellenwert, während in Österreich kein unmittelbarer Handlungsbedarf gesehen wurde. Die alliierten Besatzungsmächte bestimmten, anders als in Deutschland, für die Zweite Republik in Österreich keine spezifischen Bildungsaufgaben. Die Alliierten entschieden nicht mit, welche Inhalte in österreichischen Schulen und in der Erwachsenenbildung als Demokratie vermittelt werden, und welche geschichts- und sozialwissenschaftlichen Vorgaben an österreichischen Universitäten zusätzlich der Institutionenlehre einfließen sollten.

Andererseits resultiert die Schwäche der Politischen Bildung aus einer tiefgreifenden Fragmentierung der (an sich hochentwickelten) österreichischen Zivilgesellschaft (*civil society*) in den Jahren vor und nach 1945. Die politisch-weltanschaulichen Lager (d.h. nationale/nationalistische, christlich-konservative, christlich-soziale, sozialistische, kommunistische usw. Gruppen) hatten Funktionen übernommen, die in anderen Gemeinschaften durch die Zivilgesellschaft per se und/oder durch den Staat wahrgenommen werden. Es entwickelte sich vor 1914 eine politische Sozialisation, deren wichtigste Agenten nicht „die Familie" oder „die Schule" waren, sondern sozialistische oder katholische oder deutschnationale Familien, sowie sozialistische oder katholische oder deutschnationale *peer-groups*, Jugendverbände, Freizeit- und Kulturorganisationen jedweder Art.

Nach 1945 übernahmen die Parteien ihre alten Sozialisationsfunktionen, so dass die Politik öffentliche Mittel insbesondere für die politische Bildungsarbeit der Parteien und weniger für außerparteiliche Programme bereitstellte. 1973 wurden Parteiakademien errichtet, denen relativ reichhaltige Mittel für politische Bildungsarbeit zur Verfügung standen. Politische Bildung als SPÖ-, ÖVP-, FPÖ- oder Grüne-Bildung fand in höherem Ausmaß gesellschaftliche und auch budgetpolitische Akzeptanz. Die Parteiakademien stehen in der angesprochenen Kontinuität einer Politischen Bildung, die sich im wesentlichen als Addition von sektoraler Politischer Bildung versteht. Als Politische Bildung in Österreich ergibt das folgerichtig eine unkoordinierte Summe der politischen Bildungstätigkeit von einzelnen Parteien. Unverändert ist festzustellen, dass gemeinsame Initiativen für Politische Bildung seitens der Parteien selten sind, und gleichsam instinktiv versucht wird, alle an der politischen Bildungsarbeit beteiligten Personen (Lehrende und Lernende) bzw. Organisationen einer Partei zuzuordnen.

Zumindest zwei geschichtliche Rahmenbedingungen als Dilemmata der Politischen Bildung in Österreich trafen jedoch insbesondere in den siebziger Jahren zu, sind aber am Beginn des 21. Jahrhunderts nicht bzw. lediglich in abgeschwächter Form gegeben: Es waren SPÖ-Mehrheitsregierungen sowie ÖVP und FPÖ als damalige Oppositionsparteien, die erstens gemeinsam in den siebziger Jahren Parteiakademien etabliert hatten.

Dadurch wurde der Eindruck verstärkt, dass Politische Bildung in erster Linie von Parteien für Parteizwecke betrieben wird. Die Regierungszeit des SPÖ-Bundeskanzlers Bruno Kreisky (1970-1983) war zweitens durch eine umfassende Reformterminologie gekennzeichnet, die einerseits die durch das Jahr 1968 geprägte „Linke" in die Sozialdemokratie integrieren sollte, und andererseits eine ideologische Polarisierung markierte, welche die „bürgerlichen" Medien, die Unternehmerverbände und andere rechts von der Linken befindliche Interessen misstrauisch machte. Die Debatte um die Politische Bildung wurde daher vor dem Hintergrund eines Verdachts geführt, die alleinregierende SPÖ wolle – gestützt auf ihre absolute Parlamentsmehrheit – die politische Bildungsarbeit ideologisieren. Das hat sich mittlerweile geändert: Schule und Schulpolitik waren schon durch die Zweidrittelmehrheit der Schulgesetze von 1962 gleichsam großkoalitionär begrenzt. Alleinregierungen sind heute, in Österreich und allen auf dem Verhältniswahlrecht beruhenden Demokratien, nahezu unmöglich und Koalitionsregierungen zum Regelfall des politischen Systems geworden. Nachdem 25 Jahre die SPÖ den Unterrichtsminister/die Unterrichtsministerin gestellt hatte, gab es 1995 einen Wechsel in der Parteiangehörigkeit der AmtsinhaberInnen zur ÖVP (auf Rudolf Scholten/SPÖ folgten Erhard Busek/ÖVP und später Elisabeth Gehrer/ÖVP). Diskussionen bzw. Kritik in der SPÖ über die Abgabe eines Schlüsselressorts für Sozialdemokraten zeigten, dass der Vorwurf einer Ideologisierung der Bildungspolitik nicht völlig unberechtigt war, markierten jedoch zugleich eine Trendwende.

1999/2000 wurde die SPÖ/ÖVP-Koalitionsregierung durch eine Koalition der ÖVP/FPÖ abgelöst. Die mit dieser Veränderung verbundenen Diskussionen haben zu einer „Politisierung" der Gesellschaft geführt und auch die Forderung der Bevölkerung nach einer vermehrten Politischen Bildung verstärkt, so dass das politische System zur Reaktion gezwungen werden könnte. Gleichzeitig ist die Lagermentalität weitgehend verschwunden, und die Vorstellung, dass Politische Bildung die bloße Addition von Programmen der Parteiakademien sein könnte, hat im gesellschaftlichen Bewusstsein keine Deckung.

Nicht zu vergessen ist schließlich ein weltweiter gesellschaftlicher Wandel – etwa das Phänomen der Globalisierung und die Entstehung einer modernen Kommunikationsgesellschaft, wo „Neue Medien", insbesondere das *Internet*, im Mittelpunkt stehen und den Prozess der politischen Kommunikation grundlegend verändern (siehe daher auch die Ausführungen zum politischen Informationsverhalten von LehrerInnen in einem Folgekapitel) – am Beginn des 21. Jahrhunderts, der als dramatisch bezeichnet werden kann, und auf nationaler Ebene ein neugestaltetes Fundament politischer Bildungsarbeit verlangt. Als Herausforderungen ergeben sich einerseits veränderte Problemstellungen mit ungewissen Lösungen (beispielsweise hat sich die politische Informationsvermittlung als Grundlage der Demokratiequalität stark verändert, nachdem wir unser Modell einer repräsentativen Demokratie durch die Entwicklung zur Teledemokratie bzw. *Cyberdemocracy* modifizieren müssen).[4] Andererseits haben gegenüber den Massenmedien, die mehr als eine bloße Vermittlungsaufgabe erfüllen, traditionelle Institutionen der politischen Bildungsarbeit wie Parteien, Religionsgemeinschaften, diverse Jugendorganisationen usw. an Stellenwert und dadurch an politisch erziehender Kraft drastisch abgebaut.

Inhaltlich hat Politische Bildung in Theorie und Praxis sowie hinsichtlich der didaktischen Vermittlungsformen[5] anstatt eines linear-missionarischen Gedankens, der etwa im Rahmen der *Re-Education*-Programme nach dem Zweiten Weltkrieg in Deutschland durchaus Berechtigung hatte, mehrere „Mittelwege“ zu finden, um sich als seriöser Bildungsbereich (weiter) zu etablieren:

- Erforderlich ist ein Mittelweg zwischen Politischer Bildung als Wissensvermittlung, aber auch als Entwicklung von Fähigkeiten und Einsichten, sowie als Entfaltung der Bereitschaft zu verantwortungsbewusstem Handeln. Politische Bildung basiert auf historisch gewachsenen Wertvorstellungen – in demokratischen Systemen sind zumindest Friede, Freiheit und Gleichheit, Gerechtigkeit usw. allgemein anerkannte Werte, die vermittelt werden sollen – und versteht sich nicht als eine bloße Aneinanderreihung fachspezifischer Inhalte, sondern soll die Chance bieten, über die Erweiterung politischen Wissens hinausgehend zentrale Problemfelder der Gesellschaft aufzugreifen. Politische Bildung hat einen beruflichen Praxisbezug[6] aufzuweisen: Durch die Reflexion und den Erfahrungsaustausch können die Inhalte der Politischen Bildung im sozialen Alltag umgesetzt werden.
- Erforderlich ist eine Neubewertung politischer Institutionen als Mittelweg zwischen Anti-Institutionalismus und blinder Institutionengläubigkeit. Politische Bildung hat in modernen Demokratien nicht die Aufgabe, ein politisches System zu transformieren – eine politische Systemtransformation unterscheidet sich von allen anderen Formen der Systemveränderung: „Veränderungen“ beziehen sich auf Neuerungen innerhalb desselben Systemtypus und sind infolge gesamtgesellschaft-

licher Entwicklungen eine logische Notwendigkeit; Transformationen bedeuten hingegen einen grundlegenden Systemwandel –, darf jedoch auch nicht als Stabilisierungsfaktor des Bestehenden verkommen, und institutionelle Veränderungen durch die Förderung eines blinden Autoritätsglaubens verhindern helfen.

- Erforderlich ist mehr Transparenz als Mittelweg zwischen scheinbarer Objektivität und übertriebener Subjektivität. Selbstverständlich dürfen Zielgruppen der Politischen Bildung weder manipuliert noch indoktriniert werden. Doch gesellschaftliche bzw. politische Themen, die aus Sicht der Wissenschaft kontrovers sind, müssen in der politischen Bildungsarbeit gleichermaßen kontrovers erscheinen. AdressatInnen der Politischen Bildung müssen lernen, eine politische Situation und ihre eigene Interessenlage zu analysieren sowie nach Mitteln und Wegen suchen, die vorgefundene politische Lage im Sinne ihrer Interessen zu beeinflussen.[7] Abzulehnen ist hingegen eine (Schein-)Objektivität, die für das Bildungssystem totalitärer Systeme charakteristisch ist, und eine offene Positionierung der Lehrenden verhindert, um – unter dem Vorwand sich auf „Fakten“ zu beschränken – jedwede Diskussion und Kritik der Lehrinhalte unterbinden.

Diese Minimalbedingungen kommen insbesondere im – unverändert als zentrales Denkmuster im deutschsprachigen Raum geltenden – „Beutelsbacher Konsens“ als Ergebnis einer Fachtagung der bundesdeutschen Landeszentrale für Politische Bildung in Baden-Württemberg 1976 zum Ausdruck.[8] Konkrete Inhalte und Themen zusammenzufassen, die dem weitgefassten Anspruch der Begriffsdefinition von „Politische Bildung als Mittelweg“genügen und trotzdem von einem gesellschaftlichen Grundkonsens getragen werden, ist das Hauptproblem politischer Bildungsarbeit. Die österreichische Vergangenheit hat gezeigt, dass es sehr schwierig sein kann, spezifische Programme für den Transfer der Inhalte einzuführen, weil selbstverständlich trotz der Notwendigkeit eines „Konzepts der Mittelwege“ der kleinste gemeinsame Nenner aller gesellschaftlichen Gruppen als Grundkonsens nicht genügt. Zugleich aber entspricht das „Mittelwegkonzept“ der Tradition politischer Kultur in Österreich als Konsensdemokratie (im Gegensatz zur Konfliktdemokratie, wobei die Differenz sich hier weniger auf institutionelle Rahmenbedingungen – etwa Verhältnis- oder Mehrheitswahlrecht bzw. Ein- oder Mehrparteienregierung – sondern auf die konsensorientierten Einstellungen und Grundwerte bezieht).

Zu unterscheiden ist, mit unterschiedlichen Problemlagen, zwischen der Politischen Bildung in der Erwachsenenbildung und im Schulbereich.

Politische Bildung ist für das Selbstverständnis der Institutionen der allgemeinen Erwachsenenbildung Österreichs (Volkshochschulen, Volksbildungswerke, konfessionelle Bildungswerke, Bildungshäuser und Büchereien) ein bestimmendes Moment, findet aber bei den AdressatInnen der Bildungsarbeit kaum entsprechende Resonanz.[9] Nicht nur gegenüber unmittelbar praxisbezogener Berufsfortbildung, sondern auch im Vergleich mit anderen Bildungsangeboten belegen Statistiken, dass das Angebot der Weiterbildungseinrichtungen im Bereich der Politischen Bildung nach einer Phase des Aufschwungs in den siebziger Jahren nur einen geringen Prozentsatz einnimmt und die TeilnehmerInnenzahl quantitativ fast vernachlässigbar erscheint.[10] Ein Paradoxon ist selbstverständlich, dass das geringe Angebot und die geringe Nachfrage per se Thema und Herausforderung für die Politische Bildung darstellten. In Österreich findet die Politische Bildung eine formale Berücksichtigung in der staatlichen Bildungspolitik durch das Budgetgesetz über die Förderung der Erwachsenenbildung von 1973 und steht dadurch als „politische, sozial und wirtschaftskundliche Bildung" unter den förderungswürdigen Aufgaben an erster Stelle.

1977 wurde für die Erwachsenenbildung seitens des Bundes unter Mitfinanzierung der Länder das Österreichische Institut für Politische Bildung in Mattersburg eingerichtet, jedoch am Beginn der neunziger Jahre geschlossen. Seitdem werden über den Gründerverein des Instituts, die Österreichische Gesellschaft für Politische Bildung (ÖGfPB), alljährlich Mittel des Bundes und der Länder für Erwachsenenbildungsprojekte zur Politischen Bildung vergeben.

Die Definition Politischer Bildung in der österreichischen Erwachsenenbildung läßt sich in das o.e. „Mittelwegkonzept" einordnen und beinhaltet als Aufgabenbereich u.a. die Verdeutlichung sozialer und ökonomischer Zusammenhänge und Widersprüche, um gesellschaftliche Veränderungen mit ihren Auswirkungen zu verstehen und zu beeinflussen, gegen Gewalt in jeder Form aufzutreten, demokratische Gestaltungsmöglichkeiten wahrzunehmen, sowie europäische Integration, Globalisierung, Modernisierungs- und Individualisierungsprozesse einschätzen und beurteilen lernen.

Besonders sensibel ist die Definition der Politischen Bildung im Sinne der skizzierten „Mittelwege" aber im Schulbereich bzw. in der Aus- und Fortbildung von LehrerInnen, die im Mittelpunkt des diesem Buch zugrundeliegenden Evaluationsprojekts stehen.

1.2 Spezifika im österreichischen Schulwesen

Für den Status der Politischen Bildung im österreichischen Schulwesen[11] ist festzuhalten:

1. Politische Bildung existiert im österreichischen Schulwesen seit 1978 als *Unterrichtsprinzip*.[12] Für die Politische Bildung bedeutet dieser Status seine (mögliche) inhaltliche Berücksichtigung in allen Schultypen und Unterrichtsfächern. Allerdings muss Politische Bildung mit bis zu 13 weiteren Unterrichtsprinzipien, deren Spektrum von der Umwelt- über die Verkehrs- bis zur Medienerziehung reicht, konkurrieren. In der Schulpraxis ist dadurch die reale Umsetzung des Prinzips unterschiedlich. Außerdem werden Unterrichtsprinzipien in neuen Lehrplänen nicht mehr angeführt. Ein fächerübergreifender Ansatz ist jedoch unabdingbar, um durch Politische Bildung gleichermaßen politiktheoretische (Entgrenzung von Politik), bildungstheoretische (umfassende Allgemeinbildung), schulpädagogische (innere Schulreform/innere Schuldemokratie) und bildungsökonomische Perspektiven zu bieten.[13]

2. Als *Unterrichtsfach* gibt es Politische Bildung lediglich an Polytechnischen Schulen, Berufsschulen und – mit unterschiedlichen Namenskombinationen (zum Beispiel Wirtschaftliche Bildung, Rechtskunde und Politische Bildung an HTL) – an den Berufsbildenden Mittleren und Höheren Schulen (BMHS). Im Allgemeinbildenden Schulwesen bzw. insbesondere an Allgemeinbildenden Höheren Schulen (AHS) gibt es gegenwärtig – im Schuljahr 2000/2001 – kein reguläres Fach Politische Bildung. Es besteht lediglich die Möglichkeit eines Wahlpflichtgegenstands und einer unverbindlichen Übung in der AHS-Oberstufe. Die Abhaltung der unverbindlichen Übung ist allerdings abhängig von Angebot und Nachfrage, d.h. zusätzlich der Motivation von Lehrenden und Lernenden auch von den budgetären Ressourcen an der jeweiligen Schule. Parallel dazu finden österreichweit Schulversuche statt, die – nach dem Vorbild von Versuchen in Oberösterreich[14] – ein Fach Politische Zeitgeschichte und Bildung für die 7. und 8. Klassen vorsehen. Eine positive Evaluation der Schulversuche soll zur generellen Einführung dieses Faches als Pflichtgegenstand führen.

Die Facheinführung ist von Bedeutung, weil unabhängig vom Engagement der unterrichtenden LehrerInnen und der teilnehmenden Schüler-

Innen ein Wahlfach einem Pflichtgegenstand nicht vollkommen gleichwertig sein kann. Nicht zuletzt vor dem Hintergrund aktueller politischer Entwicklungen – es ist eine „Politisierung" der österreichischen Gesellschaft zu vermuten – ist die Existenz des Faches wichtig, darf aber weder an AHS noch an BMHS das Prinzip ersetzen. Es wäre gefährlich, die vielfältigen und interdisziplinären Inhalte der Politischen Bildung in wenige Wochenstunden einzusperren. Konsequenz wäre, dass Politische Bildung auf eine vordergründige Institutionenlehre reduziert würde, und sowohl der Blick für größere Zusammenhänge als auch die Kompetenz für eine Umsetzung von Inhalten im gesellschaftlichen Alltag verloren gehen. Komplexe Themenbereiche wie das Demokratieverständnis der Österreicher können nicht in wenigen Unterrichtseinheiten/Woche abgehandelt werden, sondern müssen als fächerübergreifende Projekte aufgearbeitet werden.

3. Es stellt sich die Frage, mit welcher Qualifikation Politische Bildung an SchülerInnen vermittelt werden soll. Für Politische Bildung gibt es keine universitäre Ausbildung, d.h. kein reguläres Studium, das systematisch für ein Lehramt an höheren Schulen vorbereitet. Es fehlt auch weitgehend eine standardisierte Ausbildung, die LehrerInnen für die Umsetzung des Unterrichtsprinzips Politische Bildung qualifizieren soll. Im Fortbildungsbereich bildet lediglich der postgraduale Universitätslehrgang Politische Bildung/*Master of Advanced Studies (MAS) – Civic Education*-Programm des Instituts für interdisziplinäre Forschung und Fortbildung/IFF eine Ausnahme. Weiters können LehrerInnen den – allerdings vorwiegend von KommunalpolitikerInnen frequentierten – Universitätslehrgang Politische Bildung des Weiterbildungszentrums Schloss Hofen in Vorarlberg besuchen.

Kritisch anzumerken wäre, dass es durch Unterrichtsverwaltung und Universitäten abgesehen von den erfolgreichen IFF-Lehrgängen zu wenige gemeinsame Initiativen gibt (kein entsprechendes Lehramtstudium, kaum Mitarbeit der PolitikwissenschaftlerInnen usw. bei der Erstellung von Lehrplänen der Politischen Bildung, keine Kooperation für das Schreiben von Lehrbüchern usw.). Politische Bildung droht dadurch zur Beliebigkeitslehre zu werden, zu einer zufällig besseren oder zufällig schlechteren Aneinanderreihung zufälliger Inhalte, die mit einer zufällig zustande gekommenen Didaktik vermittelt werden.

Die Forderungen nach einer Intensivierung der Politischen Bildung in der LehrerInnenaus- und Fortbildung sowie als Unterrichtsfach im Schulbereich sind keine aktuelle Entwicklung, sondern werden seit der Einführung des Unterrichtsprinzips 1978 vorgebracht. Neben formalen Bekenntnissen der jeweiligen Bundesregierung bzw. UnterrichtsministerInnen (diese waren/sind nach jeder Verteilung der Ressortkompetenzen seit 1978 gleichzeitig für den Bereich der Erwachsenenbildung zuständig, welcher allerdings von der jeweiligen Geschäftsordnung des Ministeriums einer anderen Abteilung als die Politische Bildung zugeordnet wird) verlangten insbesondere die Landes- und Bundesschülervertretungen die Einführung des Faches Politische Bildung im AHS-Bereich.

Der Salzburger Universitätsprofessor für Politikwissenschaft Herbert Dachs, u.a. von 1991 bis 1993 Mitglied einer durch das Ministerium installierten Arbeitsgruppe für Politische Bildung, welche in ihren Ergebnissen ebenfalls ein eigenständiges Fach Politische Bildung in den 7. und 8. Klassen AHS mit jeweils zwei Wochenstunden und die Schaffung eines entsprechenden Lehramtsstudiums vorschlug, schlussfolgert, dass das Problem der Politischen Bildung in Österreich Apathie und nicht die Gefahr der Parteilichkeit ist.[15] Apolitische Lehrplanverwalter wären der politischen Bildungsarbeit abträglicher als LehrerInnen, die in Einzelfällen durch Überengagement zu sehr auf der Basis subjektiver Urteile arbeiten. So wichtig die Installierung von Politischer Bildung als Unterrichtsprinzip war, so gerne wird die Existenz des Prinzips als Alibi für spätere Untätigkeit genommen. Für einen substanziellen Fortschritt ist daher ein Fach Politische Bildung neben dem Unterrichtsprinzip unumgänglich. Neben dem Fach und einem Lehramtsstudium als institutionelle Merkmale fehlt inhaltlich ein modulähnliches „Baustein“ -Angebot nötigen Wissens über Gesellschaft, Politik und Staat. Schließlich gibt es nur in Ansätzen einen konstanten Diskurs zwischen Betroffenen (v.a. der Schulgemeinschaft, d.h. SchülerInnen, LehrerInnen und Eltern), TheoretikerInnen und PraktikerInnen (d.h. WissenschafterInnen und beispielsweise ErwachsenenbildnerInnen) sowie KritikerInnen.

Zusammenfassend kann gesagt werden, dass auch AktivistInnen für Politische Bildung nicht zielorientiert genug sind. Ein Hauptdilemma besteht jedoch darin, dass Politische Bildung nicht wettbewerbsfähig ist, sondern einer bildungspolitischen Grundsatzentscheidung bedarf.[16] Themen und Unterrichtsfächer, die „praktischen Ertrag“ versprechen, finden eine stärkere und kurzfristiger mobilisierbare „Lobby“ als Interessenvertretung. Die Entscheidung, in welcher Quantität und mit welcher Qualität politische Bildungsarbeit stattfinden soll, kann nicht nach dem Modell der *„invisible hand“* (nach dem Nationalökonomen Adam Smith) als Regelungsfunktion des freien Wettbewerbs nicht näher definierten Marktmechanismen überantwortet werden. Gefordert ist eine staatspolitische Entscheidung.

1.3 Struktur, Programm und Inhalte des Universitätslehrgangs Politische Bildung/*Master of Advanced Studies (Civic Education)*

Ziel der Lehrgänge – die aus dem früheren Hochschullehrgang Politische Bildung für LehrerInnen entstanden sind[17] – ist es, LehrerInnen für die Verwirklichung des Unterrichtsprinzips Politische Bildung, wie im Grundsatzerlass des Bildungsministeriums formuliert, und für den Unterricht von Fächern der Politischen Bildung umfassend aus- und fortzubilden. Andere Berufsgruppen sollen gleichermaßen qualifiziert werden, in ihrem Bereich theoretische und praktische Fähigkeiten zu erwerben, um Themen der Politischen Bildung bzw. zentrale Problemstellungen aus Politik und Gesellschaft in größeren Zusammenhängen zu erkennen, und im Rahmen ihrer beruflichen Tätigkeit weiterzuvermitteln.

Die Interdisziplinarität des Lehrgangs ist von zentraler Bedeutung. Das breitgefächerte Seminarangebot versteht sich nicht allein als eine Aneinanderreihung fachspezifischer Inhalte. Es bietet vielmehr die Chance, über die Erweiterung politischen Wissens hinausgehend zentrale Problemfelder der Gegenwartsgesellschaft aufzugreifen, und in der Reflexion und durch einen Erfahrungsaustausch mit KollegInnen Möglichkeiten zu finden, Politische Bildung in der alltäglichen Schulpraxis bzw. im beruflichen Alltag umzusetzen.

Der Universitätslehrgang Politische Bildung und das MAS-Programm sind am Institut für Interdisziplinäre Forschung und Fortbildung (IFF) angesiedelt. Träger des IFF sind die Universitäten Innsbruck, Klagenfurt, Wien und Graz. Die Schwerpunkte der Arbeit liegen auf der Forschung in gesellschaftlichen Problembereichen, auf wissenschaftlicher Weiterbildung und universitärer Lehre. Die Lehrgänge zur Politischen Bildung werden mit Unterstützung des Bundesministeriums für Bildung, Wissenschaft und Kultur durchgeführt. Im Schulbereich wurde das MAS-Programm auch durch einen ministeriellen Erlass angekündigt. Die inhaltliche Verantwortung trägt ein aus UniversitätsprofessorInnen bestehendes Leitungsteam, dem ein wissenschaftlicher Koordinator zur Seite gestellt ist. Die Organisation erfolgt an der Universität Innsbruck, wo eine enge Zusammenarbeit mit dem Institut für Politikwissenschaft besteht.

Teilnahmeberechtigt sind:

- LehrerInnen aller Schultypen und Unterrichtsfächer,
- sonstige InteressentInnen, die in ihrem beruflichen Umfeld Funktionen der Politischen Bildung erfüllen (dazu zählen insbesondere die Arbeit in Bildungseinrichtungen, soziale bzw. sozialpolitische Aufgabengebiete, sowie Tätigkeiten im öffentlichen und/oder politischen Bereich auf allen Ebenen)

Infolge der Kooperation mit dem Bundesministerium für Bildung, Wissenschaft und Kultur, das einen Großteil der Kosten für teilnehmende LehrerInnen übernimmt, stellten diese mit etwa 90 Prozent das Gros der TeilnehmerInnen dar.

Lehrveranstaltungen werden in Form von Blockseminaren in ganz Österreich durchgeführt und durch Arbeitsgemeinschaften ergänzt. Arbeitsgemeinschaften finden jeweils nach Vereinbarung in der unterrichtsfreien Zeit statt. Die Veranstaltungen können in der zeitlichen Abfolge frei gewählt werden. Es wird aber den TeilnehmerInnen die frühzeitige Absolvierung des interdisziplinären Grundlagenblockes und der Pflichtseminare dringend empfohlen. Für sämtliche Lehrveranstaltungen wird unmittelbar eine Teilnahmebestätigung ausgegeben. Zur Anrechnung der Veranstaltung im Universitätslehrgang Politische Bildung/*Master of Advanced Studies (Civic Education)* wird nach Vorlage einer schriftlichen Seminararbeit ein Zeugnis „mit Auszeichnung bestanden/bestanden/nicht bestanden" ausgestellt. Im Regelfall ist nach dem Seminar als Projektdokumentation o.ä. eine (Gruppen-)Arbeit zu schreiben.

Die Anforderungen für den Erwerb des Abschlussdiploms im Universitätslehrgang Politische Bildung (Bezeichnung Akademische/r Politische/r Bildner/in) umfassen die Absolvierung und Sammlung der Zeugnisse des Interdisziplinären Grundlagenblocks, der drei Pflichtseminare, sowie von zwei Wahlpflichtseminaren (siehe dazu die Abbildung). Für den Abschluss des MAS-Programms und die Verleihung des internationalen akademischen Grades eines *Master of Advanced Studies (Civic Education)* sind zusätzlich

Zeugnisse von fünf weiteren Wahlpflichtseminaren (zumindest jeweils ein Seminar aus den Bereichen Gesellschaft, Politik, sowie Soziale Kompetenz und Organisation) und die Approbation einer wissenschaftlichen Abschlussarbeit vorgeschrieben. Für die Betreuung der Abschlussarbeit zu selbstwählbaren Themen aus den drei Bereichen können alle habilitierten Lehrbeauftragten angefragt werden.

Abbildung 1: Übersicht Universitätslehrgang Politische Bildung/Master of Advanced Studies (Civic Education)

Bereich Gesellschaft	**Bereich Politik**	**Bereich Soziale Kompetenz und Organisation**
E1 (Interdisziplinäre Grundlagen Politischer Bildung aus allen Bereichen)		

↓

Pflichtseminar P1 (Sozialgeschichte)	Pflichtseminar P2 (Politisches Alltagsverständnis)	Pflichtseminar P3 (Soziales Lernen)

↓

Zwei zusätzliche Wahlpflichtseminare zu P1, P2 oder P3 nach freier Wahl

↓

Akademische/r Politische/r Bildner/in

Wahlpflichtseminar zu P1	Wahlpflichtseminar zu P2	Wahlpflichtseminar zu P3

↓

Zwei zusätzliche Wahlpflichtseminare zu P1, P2 oder P3 nach freier Wahl

↓

Abschlußprojekt- und arbeit

↓

Master of Advanced Studies/MAS (Civic Education)

Abbildung 2: Pflicht- und Wahlpflichtseminare nach Bereichen

Bereich Gesellschaft	**Bereich Politik**	**Bereich Soziale Kompetenz und Organisation**
	E1 Interdisziplinäre Grundlagen *(Z1 Grundlagen Politischer Bildung)*	
P1 Sozialgeschichte	**P2 Politisches Alltagsverständnis**	**P3 Soziales Lernen**
W1 Sprache und Macht *W4 Religionssoziologie* *W5 Faschismus* *W7 Erste Republik* *W9 Arbeitswelt* *W10 Wirtschaft* *W12 Naturwissenschaft* *W15 Jugendkultur*	*W2 Internationale Politik* *W3 Menschenrechte* *W6 Politisches System Österreichs* *W11 Europa* *W13 Wirtschaft und Umwelt* *W16 Medien/Kommunikation* *W17 Vergleich politischer Systeme* *Z4 Neue Medien und Demokratie*	*W8 Computer und Neue Medien* *W14 Gesundheit* *W18 Didaktik* *W19 Organisationsentwicklung* *W20 Integration* *F1 Aktionsforschung* *F2 Konfliktforschung* *F4 Schulentwicklung* *Z2 Parteien* *Z5 Politische Bildung, Wertorientierung und Sicherheit*

1.4 Lehrgangsbereiche

Der Universitätslehrgang Politische Bildung/*Master of Advanced Studies (Civic Education)* besteht inhaltlich aus drei Bereichen: Geschichte und Gesellschaft, Politik, sowie Soziale Kompetenz und Organisationsentwicklung.

Ziel des Bereichs Geschichte und Gesellschaft ist es, Einsicht in die Zusammenhänge zwischen Geschichte und gesamtgesellschaftlichen Entwicklungen zu ermöglichen. Die Verknüpfung von lebensgeschichtlicher Reflexion und strukturgeschichtlicher Betrachtung bildet die Grundlage für ein Bewusstsein der Politischen Bildung und ein historisch-sozialwissenschaftliches Denken. Themenbereiche, welche vor allem in Österreich sowohl individuelle Lebensgeschichten als auch allgemein die Gesellschaft prägen, sind beispielsweise der Zusammenhang von Sozialgeschichte und kultureller Identität (P1), das Verhältnis von Sprache und Macht (W1), der Stellenwert von Kirche und Religion (W4), nationalistische und rechtsextremistische Tendenzen (W5), sowie Zusammenhänge von Wirtschaftspolitik, Arbeitswelt und Sozialsystem (W9/W10).

Themen des Bereichs Politik sind eine Auseinandersetzung mit den Grundbegriffen von Politik und Demokratie, sowie die Wissensvermittlung über zentrale Institutionen und Politikfelder. Im Mittelpunkt steht das Politische Alltagsverständnis (P2), d.h. es werden nicht nur klassische Inhalte von Politikwissenschaft und Politischer Bildung – etwa Internationale Beziehungen und Europa (W2/W11), Menschen- und Grundrechte (W3) oder politische Systeme (W17) – behandelt, sondern auch Problembereiche, die in einem modernen Verständnis ebenso politisch sind, angesprochen. Dazu zählen u.a. Umwelt (W13) und Medien (W16). Einen besonderen Stellenwert hat selbstverständlich die Analyse des politischen Systems in Österreich (W6).

Der Bereich Soziale Kompetenz und Organisationsentwicklung zeigt die Lehrgangskonzeption als Erkenntnis, dass die politisch relevanten Erziehungs- und Bildungsleistungen unseres Aus- und Fortbildungssystems zum Teil über die vermittelten Inhalte erbracht werden, jedoch in hohem Maße auch durch ganz bestimmte Arbeits- und Lebenserfahrungen, welche in Bildungsinstitutionen und in ihren Strukturen regelmäßig gemacht werden. Diesem Umstand wird dadurch Rechnung getragen, dass den TeilnehmerInnen gezielt die Möglichkeit eröffnet wird, ihre soziale Kompetenz im Laufe des Lehrgangs weiterzuentwickeln. Die TeilnehmerInnen lernen, die eigene Unterrichts- bzw. berufliche Praxis so zu gestalten und mit KollegInnen so zu kooperieren, dass sie angesichts der Aufgaben und Ziele der Politischen Bildung angemessene Organisationsformen des Lernens flexibel einsetzen und an der Entwicklung der Organisation Schule und anderer Bildungseinrichtungen mitwirken können. Zu diesem Zweck werden regelmäßig drei Seminare (P3, W18, W19) angeboten, zusätzlich gibt es Seminare zu aktuellen Themen im Kontext von sozialer Kompetenz und Politischer Bildung (etwa W20).

1.5 Konzept zur Evaluation von Veranstaltungen der Politischen Bildung in Österreich und im österreichischen Schulwesen

1.5.1 Forschungsfragen und Ausgangshypothesen

Die zentralen Forschungsfragen des Evaluationsprojekts waren:

- Eine Erfassung von ausgewählten Fortbildungsveranstaltungen zur Politischen Bildung in Österreich (thematische Inhalte, Zielsetzung/Zielpublikum und organisatorisch-strukturelles Format).
- Die Zusammensetzung der TeilnehmerInnenstruktur für diese Veranstaltungen (statistische Erfassung).
- Welche Zielsetzungen verfolgen/welches Selbstverständnis haben LeiterInnen bzw. ReferentInnen auf „Politische Bildung-Fortbildungsveranstaltungen" in Österreich?
- Wie werden in Relation dazu die Themen und Formen solcher Veranstaltung a) inhaltlich und b) didaktisch angenommen?
- Welche Motive liegen dem Fortbildungsinteresse im Bereich Politische Bildung zugrunde?
- Das Zielpublikum der Politischen Bildung sind Personen, die primär (auch) MultiplikatorInnen im Bildungsbereich darstellen bzw. oft (auch) als Meinungsführer *(Opinion Leader)* fungieren. Von besonderem Interesse ist daher das politische Informationsverhalten der TeilnehmerInnen außerhalb von Bildungsveranstaltungen und im Zeitalter einer Mediendemokratie. Wie gestaltet sich daher das politische Informationsverhalten von TeilnehmerInnen an Politische Bildung-Veranstaltungen?

Als Ausgangshypothesen wurden geprüft:

- BildnerInnen im Bereich Politische Bildung sind durch ein hohes Maß von Engagement und Identifikation mit ihrem (Bildungs-)Bereich gekennzeichnet (d.h. nicht allein auf ihre Fachkompetenz für Einzelthemen der Politischen Bildung reduziert); gleichzeitig verfügen sie aber oft über ein unvollständiges Wissen im Bereich ihrer Identifikation/ Integration. Dadurch entsteht eine Kombination aus unklarem Enthusiasmus und vager Unzufriedenheit mit Politische Bildung-Fortbildungsveranstaltungen

- TeilnehmerInnen bewerten i.d.R. die von ihnen besuchten Politische Bildung-Veranstaltungen bezüglich interessanter Themen/gelungener Didaktik usw. positiv, es herrscht jedoch Unklarheit hinsichtlich Vergleichbarkeit, praktischer Bedeutung und individueller Umsetzbarkeit thematischer Inhalte
- Politische Bildung in Form von Seminarveranstaltungen ist für das Zielpublikum Bildung unter „erschwerten Bedingungen", d.h. es müssen – bürokratische u.a. – Hindernisse überwunden werden, so dass es besonderer Motiv- und Interessenlagen bedarf (in Zusammenhang damit könnte sich eine „Überalterung" des Zielpublikums zeigen, weil das Überwinden der Hindernisse durch gesicherte berufliche Positionen leichter fällt)
- Das politische Informationsverhalten der TeilnehmerInnen unterscheidet sich a) von jenem der Gesamtbevölkerung durch eine höhere Intensität/Häufigkeit, ist aber b) dazu kongruent hinsichtlich der Verteilung politischer Informationsquellen in einer Teledemokratie (Fernsehen als primäre und glaubwürdigste Quelle, paralleler Bedeutungsverlust von Zeitungen hinsichtlich Quantität und Qualität politischer Informationen, steigende Bedeutung des *Internets*, usw.)

1.5.2 Methodik

Methodisch kamen parallel zwei Ansätze zur Anwendung:

- Eine qualitativ orientierte Befragung der Seminarleitungen bzw. ReferentInnen von Fortbildungsveranstaltungen zur Politischen Bildung mittels eines Leitfadens in Form von Tiefeninterviews; die Auswertung erfolgte hermeneutisch-interpretativ.
- Eine quantitativ orientierte und schriftliche Befragung der TeilnehmerInnen von Fortbildungsveranstaltungen zur Politischen Bildung mittels standardisierten Fragebogens, der am Veranstaltungsort verteilt wurde; die Auswertung erfolgte mittels des Computerprogramms *Statistical Package for Social Sciences (SPSS).*

1.5.3 Zielsetzung, Auswertung der Ergebnisse und Folgenabschätzung

Durch die erwähnten Zielsetzungen der Evaluation Politische Bildung – die Erfassung von Fortbildungsveranstaltungen (d.h. Seminare u.ä.) aus dem Bereich Politische Bildung in Österreich im Studienjahr 1999/2000 bzw. im Kalenderjahr 2000 seitens universitärer und außeruniversitärer (insbesondere schulischer bzw. erwachsenenbildnerischer) Einrichtungen; die zum mindest exemplarische analytische Evaluation dieser Veranstaltungen hinsichtlich Inhalt, Didaktik und Motivation der TeilnehmerInnen (im Mittelpunkt stehen dabei die Rückmeldungen der Seminarleitung bzw. ReferentInnen sowie der TeilnehmerInnen); die schwerpunktmäßige Konzentration auf die Evaluation von Lehrveranstaltungen im universitären Bereich und Seminare des Universitätslehrgangs Politische Bildung/*Master of Advanced Studies (MAS)* – Civic Education; sowie als Exkurs die Erforschung des politischen Informationsverhaltens – sollen Erkenntnisse gewonnen werden, welche

- die Funktion der Evaluation von Politische Bildung-Seminaren leisten,
- die Basis für eine langfristige strategische Planung bzw. Koordination von Politischer (Fort-)Bildung anstatt der bislang in Österreich weitgehend ungeordneten Initiativen und Programme darstellen,
- erstmalig Inhalte und Didaktik von Politische Bildung-Seminaren systematisch hinterfragen und i.d.F. zielgerichtet auf die Motive und Informationsbedürfnisse des Zielpublikums abstimmen; dies gilt gleichermaßen für Einzelveranstaltungen als auch für die grundsätzliche Überarbeitung von Lehrgängen usw..

1.6 Statistisches Profil der Befragungspersonen für die Evaluationsstudie

Die Studie bezieht sich primär auf TeilnehmerInnen des Universitätslehrgangs Politische Bildung/*Master of Advanced Studies (Civic Education)*. Als Vergleichsgruppen wurden Politische Bildung-Veranstaltungen aus der Erwachsenenbildung, anderwertig im Schulbereich (Pädagogische Institute) sowie universitäre Seminarveranstaltungen herangezogen. Nachdem, wie erwähnt, im Universitätslehrgang Politische Bildung/*Master of Advanced Studies (Civic Education)* LehrerInnen aller Schultypen und Unterrichtsfächer mit etwa 90 Prozent die Hauptgruppe der TeilnehmerInnen stellen, beziehen sich statistische Analysen hauptsächlich auf diese Gruppe.

Die Geschlechterverteilung in den Seminaren des Universitätslehrgangs Politische Bildung/*Master of Advanced Studies (Civic Education)* ist nahezu ausgeglichen (51,6 Prozent Männer und 48,6 Prozent Frauen). Tatsächlich bedeutet das jedoch eine leicht überproportionale Repräsentanz von Männern in der Politische Bildung, da – vor allem im Allgemeinbildenden Schulwesen – der Frauenanteil unter den LehrerInnen als Grundgesamtheit der hauptsächlichen TeilnehmerInnengruppe höher ist. Die Logik des schulischen Fortbildungssystems begründet eine auffallende Altersverteilung: Lediglich etwa drei Prozent der TeilnehmerInnen sind jünger als 30 Jahre bzw. nur 20,8 Prozent jünger als 40 Jahre. Am stärksten ist mit 55,3 Prozent die Gruppe der 41- bis 50-jährigen vertreten. Immerhin knapp 24 Prozent der TeilnehmerInnen sind über 50 Jahre alt.

Die Ursachen liegen einerseits in der Altersstruktur der Lehrerschaft, d.h. aufgrund eines Personalüberschusses wurden in den neunziger Jahren relativ wenige JunglehrerInnen angestellt. Diese gegenwärtige Situation wird sich allerdings durch eine hohe Zahl von aus dem aktiven Dienst ausscheidenden LehrerInnen in etwa zehn Jahren (2010) ändern. Andererseits korreliert die Möglichkeit bzw. Genehmigung, Fortbildungsveranstaltungen (insbesondere jene des Lehrgangs Politische Bildung, die als einwöchige Blockveranstaltungen eine mehrmalige, längere und durchgehende Abwesenheit von der Schule erfordern) zu besuchen mit dem Dienstalter. Beispielsweise findet ein/e jüngere/r LehrerIn, der/die im Extremfall sogar an unterschiedlichen Schulen den Dienst versieht, kaum Gelegenheit für eine systematische Fortbildung.

Abbildung 3: Altersstruktur der TeilnehmerInnen am Universitätslehrgang Politische Bildung/Master of Advanced Studies (Civic Education), 1999/2000

	Häufigkeit	*Prozent*	*Kumulierte Prozente*
Bis 30 Jahre	8	3,1	3,1
31 - 40 Jahre	45	17,6	20,8
41 - 50 Jahre	141	55,3	76,1
Über 50 Jahre	61	23,9	100,0
Gesamt	255	100,0	

Regionalspezifisch sind jene Bundesländer mit der größten Zahl von Schulen bzw. LehrerInnen am stärksten vertreten. Jeweils mehr als ein Viertel der TeilnehmerInnen kommt aus Wien – mit 21.813 von österreichweit 122.556 LehrerInnen im Jahr 1999 auch allgemein führend – und aus der Steiermark (17.289 LehrerInnen).[18] Es folgen Nieder- und Oberösterreich mit jeweils knapp 10 Prozent – dies bedeutet im Unterschied zur leicht überproportionalen Teilnahme von WienerInnen und SteirerInnen eine Unterrepräsentation im Vergleich zur Zahl der Schulen bzw. LehrerInnen [19]– sowie Tirol (9,4 Prozent), Kärnten (7,4 Prozent), Salzburg (5,7 Prozent) und Vorarlberg 4,1 Prozent. Aus dem Burgenland kam im Erhebungszeitraum 1999/2000 kein/e TeilnehmerIn, der/die den standardisierten Fragebogen beantwortete.

Abbildung 4: Regionale Herkunft der TeilnehmerInnen im Universitätslehrgang Politische Bildung/Master of Advanced Studies (Civic Education), 1999/2000

	Häufigkeit	*Prozent*
Wien	63	25,8
Niederösterreich	24	9,8
Oberösterreich	24	9,8
Steiermark	68	27,9
Kärnten	18	7,4
Salzburg	14	5,7
Tirol	23	9,4
Vorarlberg	10	4,1
Gesamt	244	100,0

Selbstverständlich kann der Universitätslehrgang Politische Bildung/*Master of Advanced Studies (Civic Education)* als postgraduales Fortbildungsprogramm, wo die TeilnehmerInnenzahl in den einzelnen Seminaren auf etwa 30 Personen beschränkt wird, keinesfalls flächendeckend LehrerInnen, die Politische Bildung als Fach unterrichten und/oder an der Umsetzung des Unterrichtsprinzips arbeiten, ansprechen. Das Lehrgangskonzept sieht vor, insbesondere Personen fortzubilden, die im schulischen Bereich (aber auch in der Erwachsenenbildung usw.) als MultiplikatorInnen wirken können.

Nach Schultypen geordnet unterrichtet die Mehrheit (32,4 Prozent) der TeilnehmerInnen an Hauptschulen, gefolgt von Allgemeinbildenden Höheren Schulen (AHS) mit 26,8 Prozent und Berufsbildenden Mittleren und

Höheren Schulen (BMHS) mit 17,8 Prozent. Der relativ hohe Anteil von sonstigen Schultypen – die Restsumme von knapp 20 Prozent addiert sich aus einem Spektrum von Polytechnischen Schulen und Berufsschulen bis zu LehrerInnen an Pädagogischen Akademien – zeigt die schultypübergreifende Nachfrage, wobei Volksschulen die einzige Ausnahme darstellen. Auch hier stellt die Logik des Schulwesens einen Erklärungsfaktor dar. An Volksschulen – 5.026 von 6.106 Schulen in Österreich[20] – ist aufgrund des dortigen Systems von KlassenlehrerInnen anstatt von FachlehrerInnen – d.h. ein/e LehrerIn unterrichtet eine Klasse durchgehend und nicht stundenweise in einzelnen Unterrichtsfächern – die Teilnahme an längeren Blockseminaren schwieriger zu organisieren. Gleichzeitig darf vermutet werden, dass neben realen Organisations- und Budgetproblemen, der Wert der Politischen Bildung als Fortbildung für VolksschullehrerInnen unrichtigerweise sowohl von LehrerInnen als auch den die Teilnahme ermöglichenden Schulbehörden (DirektorInnen, BezirksschulinspektorInnen, Landesschulräte) eher gering geschätzt wird.

Abbildung 5: LehrerInnen im Universitätslehrgang Politische Bildung/Master of Advanced Studies (Civic Education) nach Schultyp, 1999/2000

	Häufigkeit	*Prozent*
Volksschule	10	4,1
Hauptschule	78	32,4
AHS	63	26,1
BMHS	43	17,8
Andere	47	19,5
Gesamt	241	100,0

Hinsichtlich der Unterrichtsfächer ist ein signifikanter Zusammenhang zwischen Politischer Bildung und humanistischen Gegenständen erkennbar. TeilnehmerInnen des Universitätslehrgangs Politische Bildung/*Master of Advanced Studies (Civic Education)* sind primär Deutsch- und GeschichtelehrerInnen (ein absoluter Vergleich mit Lehrenden im eigentlichen Fach Politische Bildung ist nicht möglich, weil dieses nicht an allen Schultypen unterrichtet wird). SprachlehrerInnen stellen die zweitstärkste Gruppe dar. Die Bedeutung der Politischen Bildung für naturwissenschaftliche Fächer – geschichtliche Bezüge reichen zurück bis zur Instrumentalisierung der Naturwissenschaft durch totalitäre Regime (siehe die „Rassenlehre" der

Nationalsozialisten in Deutschland); inhaltliche Stichworte mit aktuellen Bezügen wären etwa das Thema Atomphysik/Atomenergie oder die „Gendiskussion“ in der Biologie – wird vergleichsweise unterschätzt bzw. kann aufgrund konkurrierender fachspezifischer Fortbildungsangebote nicht zum Tragen kommen. Eine positive Neuentwicklung ist hingegen die gestiegene Teilnahme von LehrerInnen des für lange Zeit fälschlich als „unpolitisch“ charakterisierten Faches der Mathematik. Nichtsdestoweniger sind viele Fächer (wirtschaftsbezogene Unterrichtsgegenstände, politische bzw. politisierte Kultur und Kunst als Inhalt von Fächern wie Musik- und Bildnerische Erziehung, Sport bzw. Leibesübungen usw.) mit manifesten und latenten politischen Inhalten, die jedoch nicht ausreichend im Bewusstsein des Lehr- und Lernprozesses verankert sind, unzureichend vertreten.

Abbildung 6: LehrerInnen nach Unterrichtsfach im Universitätslehrgang Politische Bildung/Master of Advanced Studies (Civic Education), 1999/2000

	Häufigkeit	*Prozent*
Politische Bildung	26	11,7
Geschichte	25	11,2
Deutsch	72	32,3
Sprachen	30	13,5
Mathematik	26	11,7
Anderes Fach	44	19,7
Gesamt	223	100,0

Ein signifikanter Unterschied zwischen LehrerInnen als TeilnehmerInnen des Universitätslehrgangs Politische Bildung/*Master of Advanced Studies (Civic Education)* zu anderen BesucherInnen von Fortbildungsveranstaltungen der Politischen Bildung liegt in der subjektiven Klassifikation als politisch aktive Menschen. Fast vier Fünftel (79,5 Prozent) bezeichnen sich als politisch aktiv. In den Vergleichsgruppen von Politische Bildung-Veranstaltungen an der Universität Innsbruck bzw. am Pädagogischen Institut/PI des Landes Oberösterreich waren es lediglich 55,6 Prozent der StudentInnen bzw. 34,3 Prozent der PI-LehrerInnen.

Besonders bemerkenswert ist die Erkenntnis, dass 82,6 Prozent der LehrgangsteilnehmerInnen meinen, durch ihren Beruf als LehrerInnen per se politisch aktiv zu sein. Das prominenteste Feld der politischen Aktivität waren öffentliche Diskussionen/Leserbriefe/Unterschriftenlisten usw. mit 56,5 Prozent. Fast ein Drittel ist „Mitglied" einer politisch orientierten Nicht-Regierungsorganisation *(Non Governmental Organisation/NGO)*.

Weniger als 20 Prozent engagieren sich in der Parteipolitik, knapp über acht Prozent im Rahmen einer Bürgerinitiative.

Abbildung 7: Selbsteinschätzung politischer Aktivität, TeilnehmerInnen am Universitätslehrgang Politische Bildung/Master of Advanced Studies – Civic Education)

Ich würde mich selbst als politisch aktiv einschätzen:	*Häufigkeit*	*Prozent*
Ja	136	79,5
Nein	35	20,5
Gesamt	171	100,0

Abbildung 8: Bereiche politischer Aktivität von LehrerInnen (TeilnehmerInnen am Universitätslehrgang Politische Bildung/Master of Advanced Studies – Civic Education)

Tätigkeitsfelder:	*Prozent*
öffentliche Diskussionen/ Leserbriefe/Unterschriftenlisten usw.	56,5
Aktive Mitgliedschaft in einer „politischen" NGO	32,1
Parteiarbeit/-mitgliedschaft	18,6
Mitarbeit in einer Bürgerinitiative	8,1
Anderes	7,5
Beruf als LehrerIn	82,6

Mehrfachnennungen möglich

Durchschnittlich werden wöchentlich bis zu fünf Stunden – von insgesamt knapp drei Viertel der LehrerInnen, von mehr als der Hälfte davon bis zu zwei Stunden – für politische Aktivitäten aufgewendet. Gleichzeitig jedoch ist sehr interessant, dass am Ende der Skala über zehn Prozent jener LehrerInnen, die an den Fortbildungsveranstaltungen des Universitätslehrgangs Politische Bildung/*Master of Advanced Studies (Civic Education)* teilnehmen, sich mehr als 15 Stunden wöchentlich politisch engagieren.

Die Daten der Vergleichsgruppen zeigen, dass sowohl die Frequenz als auch die Intensität der politischen Aktivität anderswo geringer ist als unter den LehrgangsteilnehmerInnen Politische Bildung. 52,4 Prozent Innsbrucker StudentInnen und 57,7 Prozent der PI-LehrerInnen aus Oberösterreich wenden lediglich bis zu zwei Stunden für Politik auf (im Vergleich zu 38,7 Prozent der TeilnehmerInnen). Bei den LehrgangsteilnehmerInnen ist hingegen der Anteil von Personen, die mehr als 15 Stunden wöchentlich für politische Aktivitäten aufwenden, mit 10,7 Prozent signifikant höher (4,8 bzw. 3,8 Prozent in den Vergleichsgruppen).

Abbildung 9: Zeitaufwand für politische Aktivitäten von TeilnehmerInnen im Universitätslehrgang Politische Bildung/Master of Advanced Studies – Civic Education

Die Zeit, die ich wöchentlich politisch aktiv verbringe schätze ich auf:	*Häufigkeit*	*Prozent*	*Kumulierte Prozente*
Bis zu 2 Stunden	58	38,7	38,7
Bis zu 5 Stunden	51	34,0	72,7
Bis zu 10 Stunden	21	14,0	86,7
Bis zu 15 Stunden	4	2,7	89,3
Mehr als 15 Stunden	16	10,7	100,0
Gesamt	150	100,0	

Anmerkungen:

1 Judith Torney-Purta/John Schwille/Jo-Ann Amadeo (Eds.), *Civic Education Across Countries: Twenty-four National Case Studies from the IEA Civic Education Project,* Amsterdam 1999.

2 Zu den folgenden Ausführungen vgl. u.a. auch Peter Filzmaier/Franz Jenewein/Anton Pelinka, *Angst vor der Politischen Bildung? Programme an Universitäten und in der Erwachsenenbildung,* in Peter Filzmaier u.a. (Hg.), *Politisches Alltagsverständnis: Demokratie, Geschlechterverhältnisse, Arbeitswelt, Medien und Bildung,* Innsbruck/Wien 1999, S. 275-296.

3 Vgl. Walter Gagel, *Geschichte der politischen Bildung in der Bundesrepublik Deutschland 1945-1989,* Opladen 1994.

4 Siehe u.a. Peter Filzmaier, *Netzgeneration und Politische Bildung: Wissen, Kompetenz und Qualifikation in der Cyberdemocracy als Klassengesellschaft,* in Anton Pelinka/Fritz Plasser/Wolfgang Meixner (Hg.), *Die Zukunft der österreichischen Demokratie: Trends, Prognosen und Szenarien,* Wien 2000. S. 231-254.

5 Vgl. Wolfgang Sander, *Theorie und Praxis der politischen Bildung: Geschichte - didaktische Konzeptionen - aktuelle Tendenzen und Probleme,* in Wolfgang Sander (Hg.), *Handbuch politische Bildung,* Schwalbach/Taunus 1997, S. 5-45. Als Auswahl grundlegender Werke zur Theorie und zur, an dieser Stelle nicht näher thematisierten, Didaktik politischer Bildungsarbeit siehe im deutschsprachigen Raum weiters Paul Ackermann u.a., *Politikdidaktik kurzgefaßt: 13 Planungsfragen für den Unterricht,* Schwalbach/Taunus 1994; Gotthard Breit/Siegfried Schiele

(Hg.), *Handlungsorientierung im Politikunterricht,* Bonn/Berlin 1998; Bundeszentrale für Politische Bildung (Hg.), *Zur Theorie und Praxis der politischen Bildung,* Schriftenreihe Bd. 290, Bonn 1990; Herbert Dachs (Hg.), *Politische Bildung,* Österreichische Zeitschrift für Politikwissenschaft, Heft 1/1996, Wien. Kurt Gerhard Fischer, *Einführung in die Politische Bildung: Ein Studienbuch über den Diskussions- und Problemstand der Politischen Bildung in der Gegenwart,* Stuttgart (mehrere Auflagen); ders., *Zum aktuellen Stand der Theorie und Didaktik der Politischen Bildung,* Stuttgart (mehrere Auflagen); Wolfgang Hilligen, *Didaktische Zugänge in der politischen Bildung,* Schwalbach/Taunus 1991; Peter Massing/Georg Weißeno (Hg.), *Politik als Kern der politischen Bildung: Wege zur Überwindung unpolitischen Politikunterrichts,* Opladen 1995; Wolfgang W. Mickel/Dietrich Zitzlaff (Hg.), *Handbuch zur politischen Bildung,* Schriftenreihe der Bundeszentrale für Politische Bildung Bd. 264, Bonn 1988. Ulrich Sarcinelli (Hg.), *Politikvermittlung und Politische Bildung,* Bad Heilbrunn 1990; Rolf Schmiederer, *Politische Bildung im Interesse der Schüler,* Frankfurt/Main 1977.

6 Siehe dazu in größerem Zusammenhang, d.h. über den unmittelbaren Bildungsbereich hinausreichend, Wolfgang Sander, *Beruf und Politik: Von der Nützlichkeit politischer Bildung,* Schwalbach/Taunus 1996.

7 Siehe Hans Georg-Wehling in Siegfried Schiele/Herbert Schneider (Hg.), *Das Konsensproblem in der politischen Bildung,* Stuttgart 1977, S. 171.

8 Vgl. als sowohl reflexive Bestandaufnahme als auch aktuelle Kritik die Beiträge von Walter Gagel u.a. in Siegfried Schiele/Herbert Schneider (Hg.), *Reicht der Beutelsbacher Konsens?,* Schwalbach/Taunus 1996.

9 Vgl. etwa Wolfgang Kellner, *Politik der Lebensführung: Überlegungen zu einem integrativen Ansatz politischer Bildung in der allgemeinen Erwachsenenbildung,* in Hans Knaller (Hg.), *Gegenkonzepte,* Innsbruck 1998, S. 56. Für interessante Vergleiche zur Bundesrepublik Deutschland siehe übrigens Bundeszentrale für Politische Bildung (Hg.), *Politische Erwachsenenbildung: Ein Handbuch zu Grundlagen und Praxisfeldern,* Bonn/Berlin 1999.

10 Hans Knaller - siehe oben - hat eine Analyse über das Ausmaß und die Verteilung der Politischen Bildung in den österreichischen Volkshochschulen durchgeführt. Die Politische Bildung nahm dieser Analyse zufolge nur 0,8 Prozent des Gesamtangebots ein.

11 Zur Geschichte der Politischen Bildung an Österreichs Schulen sowie der Entwicklung ihrer institutionellen Verankerung im zuständigen Ministerium und als Unterrichtsgegenstand bzw. Unterrichtsprinzip siehe Andrea Wolf (Hg.), *Der lange Anfang: 20 Jahre Politische Bildung in den Schulen,* Wien 1998, S. 13-74 bzw. Anhang S. 162ff..

12 Vgl. den *Grundsatzerlass Politische Bildung* in den Schulen des Bundesministeriums für Unterricht und kulturelle Angelegenheiten (BMUK), GZ 33.464/6-19a/78, wiederverlautbart mit GZ 33.466/103-V/4a/94.

13 Als Ausführung dieser vielfältigen Perspektiven vgl. u.a. Wolfgang Sander, *Politische Bildung als fächerübergreifende Aufgabe der Schule,* in Sander 1997, S. 230-240. Siehe auch ders., *Vom Fach zum Bildungsbereich. Ein Plädoyer für Grenzüberschrei-*

tungen in der Politischen Bildung, in Wolfgang Sander (Hg.), *Konzepte der Politikdidaktik: Aktueller Stand, neue Ansätze und Perspektiven,* Hannover 1993.

14 Zu einem solchen Schulversuch im BRG Schloss Wagrain, Vöcklabruck, vgl. Wolf 1998, S. 90-104.

15 Herbert Dachs, *Der sieche Prometheus. Österreichs Politische Bildung in den Mühen der Ebene, in Österreichische Zeitschrift für Politikwissenschaft (ÖZP),* 1/1996, S. 5-18.

16 Siehe ebda., S. 17.

17 Für eine Bilanz des ursprünglichen Hochschullehrgangs Politische Bildung vgl. Gertraud Diem-Wille, *Zwölf Jahre Hochschullehrgang Politische Bildung für LehrerInnen am IFF,* in ÖZP, 4/1991, S. 19-32.

18 Quelle: Bundesministerium für Bildung, Wissenschaft und Kultur (BMBWK): *Grunddaten des österreichischen Schulwesens. Schuljahr 1998/99.* Wien 2000.

19 21.845 LehrerInnen in Nieder- bzw. 22.676 LehrerInnen in Oberösterreich. Siehe ebda.

20 Ebda.

2. Die Ergebnisse der Evaluation

2.1 Vorwort

„In einer demokratisch organisierten Gesellschaft ist politische Bildung notwendig, um die einzelnen Mitglieder dieser Gesellschaft zu dem zu befähigen, was das Funktionieren derselben voraussetzt: Teilhabe, Mitwirkung, Interessenartikulation etc. Konkretisiert und operationalisiert ist dieser Auftrag in der außerschulischen Bildung letztlich nicht.“[1]

Wie im Einleitungskapitel angesprochen, bestand die Evaluationsstudie des IFF – Politische Bildung aus mehreren Teilen. Befragt wurden zunächst die TeilnehmerInnen aus dem Universitätslehrgang Politische Bildung/*Master of Advanced Studies (Civic Education)* und anschließend die ReferentInnen der Seminare. Erstere wurden mit Hilfe eines Fragebogens um ihre Bewertung gebeten, letztere um ein Interview ersucht[2].

Im Vordergrund stand die Bemühung, durch die Gestaltung des Fragebogens verständlich zu machen, dass über die Evaluation Veränderungsmöglichkeiten für den Lehrgang bestehen. Es geht nicht darum, einer beobachtbaren Mode nachzukommen, um des reinen Tuns oder Scheins willen. Bloß weil Evaluation derzeit „in“ ist. Das Anliegen, die SeminarteilnehmerInnen in den Mittelpunkt zu stellen, ihren kritischen Einwänden zuzuhören, ihrer Kritik ebenso wie ihren Wünschen Raum zu geben, bildeten Ausgangspunkt und Referenz. Diese Interessen und Bedürfnisse der TeilnehmerInnen waren erstes Ziel der Evaluation. Die Anliegen und Erfahrungen der ReferentInnen waren das zweite.

Wie in einem Bild deutlich mehr passiert als vordergründig sichtbar ist, gilt dasselbe für Informationen aus Evaluationen. Das Aufzeigen von Zahlen und Vergleichen von Prozentsätzen untereinander und miteinander gehört zweifelsfrei zu einer Evaluation. Dass eine solche aber nachträglich hinfällig wird, wenn der Blick nicht auch auf die Informationen zwischen den Zeilen gehoben wird, ist eine logische Konsequenz. Aus diesem Grund wird ein Teil der Beschreibungen der Ergebnisse über die Aufzählung von

Ergebnissen hinausgehen müssen. Das Anliegen des Projekts war von Anfang an, dass man/frau anschließend nicht nur mehr über die Einstellungen der beteiligten Personen weiß, sondern dass man/frau mit diesen Ergebnissen arbeiten kann, aus ihnen Erfahrungen sammeln und Änderungen durchführen kann.

Darum beschränkte sich die Arbeit im Evaluationsprojekt nicht auf die Entwicklung und den Einsatz eines Fragebogens an die LehrgangsteilnehmerInnen, sondern wurde ergänzt durch zahlreiche Gespräche mit den Befragten.

Zusätzlich gab es qualitative Interviews mit den SeminarleiterInnen/ReferentInnen, die mehrere Aufgaben erfüllen sollten: Erstens die Befragung der Vortragenden, zweitens den ReferentInnen die Ergebnisse der Fragebögen des eigenen Seminars zukommen zu lassen, und drittens die Besprechung der Fragebögen in Zusammenhang mit den Aussagen im Interview. Den ReferentInnen wurden die Ergebnisse erst gegen Ende des Interviews mitgeteilt, um herauszufinden, inwiefern die Perspektiven und Einordnungen zueinander passen. Dazu kann angemerkt werden, dass die Einschätzungen von TeilnehmerInnen und ReferentInnen in praktisch allen Fällen übereinstimmten. Wer als ReferentIn ein Seminar als erfolgreich und gelungen erlebt hatte, fand mit großer Wahrscheinlichkeit ein ebensolches Ergebnis in den Beurteilungen der TeilnehmerInnen. Dasselbe gilt für den umgekehrten Fall. Die längsten und intensivsten Interviews waren jene, in denen die ReferentInnen sich selbst kritisierten und nicht zuletzt sich selbst zu erklären versuchten, warum ein Aspekt eines Seminars nicht so gelaufen ist, wie das geplant gewesen wäre. Die Selbstkritik der ReferentInnen überstieg fast immer die Kritik der TeilnehmerInnen.

2.2 „Datenpool" – Daten und Vergleichsgruppen

Die Bewertung von Daten bezieht sich auf Seminare der Politischen Bildung des IFF, deren Zusammenhänge für eine Interpretation ausreichend bekannt sind. Interessant war an den – selbstverständlich gestatteten – Stichproben zum Thema „politisches Informationsverhalten“ bei anderen Institutionen und Veranstaltungen jedoch, wie die Seminargruppen zusammengesetzt sind, einerseits in Bezug auf Berufsgruppen, andererseits in Bezug auf Alter und Geschlecht. Dadurch konnten vergleichende Bezüge hergestellt werden.

Vor Beginn des Evaluationsprojekts wurde beschlossen, die Ergebnisse der einzelnen Seminare lediglich für internen Gebrauch zu nutzen, und stattdessen das zu beschreiben, was als Durchschnitt aller Seminare das Endergebnis bildet, somit den gesamten Universitätslehrgang Politische Bildung/*Master of Advanced Studies (Civic Education)* in ein Bild setzt, anstatt uns damit aufzuhalten zu vergleichen, welches Seminar unter welchen Umständen von wem diese oder jene Beurteilung erhalten hat. Die internen Werte hingegen sind für die Vorbereitung weiterer Seminare für die Teams von Bedeutung, haben auch in gewissem Maße mit der Motivation zu tun, die auf beiden Seiten vorhanden ist, beim Universitätslehrgang zu bleiben.

Die Ergebnisse der Fragebogen-Auswertung sind in vier Kapitel geordnet. Erstens die Statistik über die TeilnehmerInnen, die im Einleitungskapitel nachzulesen ist, zweitens das politische Informationsverhalten der TeilnehmerInnen im Vergleich mit anderen Seminarveranstaltungen und österreichischen Durchschnittswerten. Drittens folgen die Ergebnisse der Seminarbeurteilungen, die in diesem Kapitel und in jenem zur Motivation untergebracht sind. Selbstverständlich sind beide Bereiche sehr eng miteinander verknüpft und es werden laufend Bezugspunkte hergestellt.

Ausgangspunkt des Projekts war der Anspruch des IFF – Politische Bildung, seinen Universitätslehrgang Politische Bildung/*Master of Advanced Studies (Civic Education)* zu evaluieren. Diese Planung des konkreten Evaluationsprojekts erfolgte, als weitreichende Änderungen in der Struktur des Lehrgangs stattgefunden hatten, insbesondere die Einführung des MAS-Programms, wie im Einleitungskapitel beschrieben ist. Der Zeitpunkt schien günstig, um prinzipielle Überlegungen anzustellen und ausführlich zu überprüfen, wie zufrieden oder unzufrieden die TeilnehmerInnen des Lehrgangs sind. Aus ungeordneten Rückmeldungen bestanden für mögliche Evaluationsergebnisse Ausgangshypothesen darüber, welche Seminare besonders beliebt waren und welche als „spannend" empfunden wurden etc. Detaillierte Ergebnisse waren selbstverständlich nicht abschätzbar.

Eine vergleichbare Evaluation als internes Projekt hatte bisher am IFF – Politische Bildung nicht stattgefunden.

Sowohl von Seiten der ReferentInnen als auch von Seiten der TeilnehmerInnen gab es großes Interesse am Projekt. Letztere waren in der angenehmeren Situation, weil sie beurteilen konnten und sollten, während die ReferentInnen nicht nur selbst beurteilen und bewerten sollten, sondern mit ein „Gegenstand" der Evaluationen waren. Allerdings wurden die ReferentInnen nicht als Einzelpersonen unmittelbar evaluiert, aber mittelbar über die Inhalte und die Struktur des Seminars, die Arbeitsaufgaben, zur Verfügung gestellten Unterlagen und nicht zuletzt als Team, im Kreise der

KollegInnen, einer kritischen Bewertung ausgesetzt. Dennoch widersprach niemand. Der Fragebogen wurde kritisch betrachtet, es wurden konstruktive Tipps für Ergänzungen gegeben.

Die Verweigerung von TeilnehmerInnen, an der Evaluation teilzunehmen, war ebenso marginal.

Im Laufe des Sommers 1999 begannen die Vorbereitungen für das Projekt. Fest stand von Anfang an, dass das Projekt von einer neuen Person im Team IFF – Politische Bildung durchgeführt werden sollte. Eine Person, die den Lehrgang nicht kannte und vor allem in keiner Weise mit der Organisation oder Lehre im Lehrgang verbunden sein sollte.

Die konkrete Arbeit begann Mitte September 1999 mit der Erstellung eines Fragebogens. Dieser entstand unter Berücksichtigung ähnlicher Evaluationen im universitären Bereich, insbesondere am IFF und an der Universität Innsbruck. Ein Probelauf wurde beim Einführungsseminar „E1" Anfang Oktober 1999 durchgeführt; aufgrund dieser Erfahrung und mehreren Gesprächen wurden noch einige wenige Modifikationen vorgenommen. Für das nächstfolgende Seminar, dem ersten Wahlseminar des Semesters (W16, Medienpolitik), konnte der Fragebogen schließlich in seiner endgültigen Form eingesetzt werden.

Insgesamt wurden im Bereich des Universitätslehrgangs Politische Bildung/*MAS* elf Seminare des Studienjahres 1999/2000 der Evaluation unterzogen. Pflicht- und Wahlseminare, die 1999/2000 nicht stattgefunden hatten, folgten im Studienjahr 2000/2001.

2.3 Der Fragebogen

Insgesamt bestand der Fragebogen, der im Anhang dieses Buches zu finden ist, aus 34 Fragekomplexen mit bis zu acht Fragen (in Summe 160 Einzelfragen). Die Beantwortung nahm bis zu 40 Minuten in Anspruch. Als letzte Beurteilungsmöglichkeit gab es eine offene Frage, in der all das festgehalten werden konnte, was in den vorhergehenden Fragen nicht beantwortet werden konnte oder als Themenbereich nicht vorgekommen war.

Etwa die Hälfte der SeminarteilnehmerInnen verzichtete darauf, die offene Frage zu beantworten. Aufgrund sehr variabler Antworten und insbesondere Antwortstile sind die Ergebnisse dieser Frage nicht vollständig quantifizierbar. Entsprechende Aussagen werden darum als Tendenzen wiedergegeben.

Die Befragungssituation war – soweit organisatorisch möglich – bei allen Seminaren annähernd identisch. Eine Person aus dem Team des IFF – Politische Bildung, in fast allen Fällen die Evaluatorin selbst, stellte bei jedem Seminar das Projekt vor, stand für diesbezügliche Fragen zur Verfügung und erklärte den Fragebogen mit seinen verschiedenen Antwortmodi. Parallel dazu war die Evaluatorin in der zweiten Seminarhälfte anwesend, um die allgemeine Stimmung zu beobachten. Gleichzeitig versuchte sie Meinungen zu erfahren, um feststellen zu können, ob das Ergebnis der ausgewerteten Fragebögen realistisch ist. Die Anwesenheit bei den Seminaren und zahlreiche Gespräche mit Einzelpersonen und Kleingruppen dienten als Interpretations- und Verifikationshilfe.

Des Weiteren wurden die Seminarbesuche auch für die Vorstellung von Inhalt und Struktur des Universitätslehrgangs Politische Bildung/*Master of Advanced Studies (Civic Education)* genutzt. Das hatte für die Evaluation insofern Folgen, als das bessere Verstehen der Bedingungen für den MAS Unsicherheit verringern konnte, was sich im Fragebogen, vor allem in der offenen Frage, auswirkte.

Sehr rasch kam eine weitere Perspektive hinzu, die nicht von Anfang an Teil des Evaluationsprojektes war. Die TeilnehmerInnen begannen sich für das Projekt insofern zu interessieren, als sie ihre Meinung auch außerhalb des Fragebogens in Form von Gesprächen mitteilen wollten, um auf Ereignisse im positiven oder negativen Sinne aufmerksam zu machen. Dadurch erhielt das IFF – Politische Bildung mehr persönliche Informationen als ursprünglich erwartet, die auch in weitere Seminarplanungen Eingang fanden.

Die Auswertung der Fragebögen wurde mit dem Programm *SPSS (Statistical Package for Social Sciences)* berechnet.

Innerhalb des Lehrgangs wurden im Studienjahr 1999/2000 272 Fragebögen ausgefüllt. Diese Zahl enthält allerdings TeilnehmerInnen, die zwei oder mehr Seminare in einem Jahr besuchen. Da man/frau bei Ende jeden Seminars gebeten wurde, einen Fragebogen auszufüllen, wurden diese Personen doppelt gezählt. Das galt nicht für den Teil „politisches Informationsverhalten“, wo nur das einmalige Ausfüllen erbeten war.

Insgesamt gab es weniger als zehn Antwortverweigerungen.

2.4 Zusammenfassung der Ergebnisse

Der überwiegende Teil der TeilnehmerInnen (87 Prozent) war mit dem jeweils absolvierten Seminar zufrieden und sagte, dass dieses „alles in allem" gefallen hat; fast ebenso viele TeilnehmerInnen stellten fest, dass sich ihre Erwartungen das Seminar betreffend erfüllt haben (83 Prozent).

Abbildung 10: Zufriedenheit mit den Seminaren

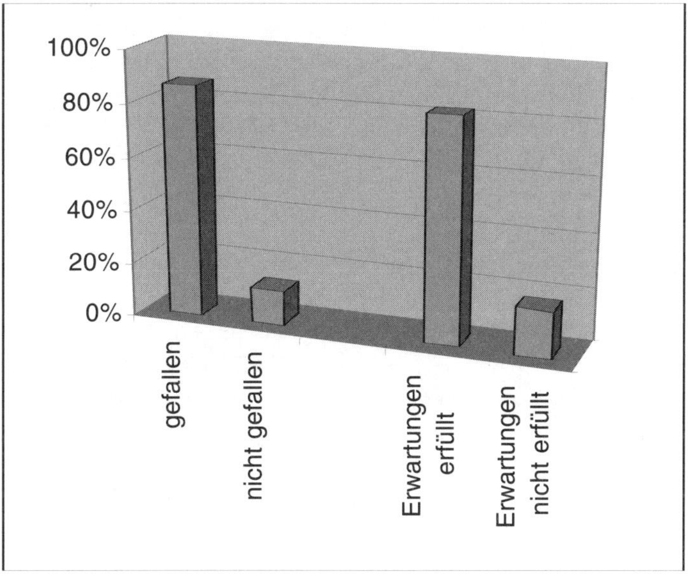

Üblicherweise gelten LehrerInnen, die den Hauptanteil der SeminarteilnehmerInnen ausmachen, als strenges Publikum und harte BewerterInnen von Seminaren und Lehrgängen. Umso erfreulicher ist das Ergebnis. Gleichzeitig muss festgestellt werden, dass die ersten Fragen in einem Fragebogen dazu dienen, auf diesen vorzubereiten, Konzentration zu erreichen und Meinungen zu bündeln. Somit handelt es sich lediglich um einen allgemeinen Gesamteindruck.

Mit der ersten Frage nach dem Gefallen eines Seminars wird die Möglichkeit gegeben, eine Befindlichkeit kundzutun, ohne genau beschreiben zu müssen, warum man/frau dieser oder jener Meinung ist. Es kommt vor, dass einzelne Personen die ersten Fragen des Bogens positiv bewerten und dann wohl erst im genaueren Nachfragen zu Einzelbereichen der Beurteilung differenzieren, was gut oder schlecht gefallen hat und warum, während klar bleibt, dass sie sich trotz allem wohlgefühlt haben. Umgekehrt war es möglich, dass die selben Fragen negativ beurteilt wurden und erst in weiteren Antworten offensichtlich wurde, was „dahintersteckt", welche Enttäuschungen oder nicht zuletzt oft eine Übermüdung nach fünf Seminartagen voller neuer Eindrücke und Erlerntem.

Daher darf den Einstiegsfragen nur bedingte Bedeutung als Trendhinweise zukommen.

Die Einstiegsfragen wurden auch in Beziehung zu den ReferentInnen gesetzt, mit der Frage, ob die Tatsache, dass der befragten Person das Seminar gefallen oder nicht gefallen hat, an der Seminarleitung lag. Nur 48 Prozent[4] stimmten vollkommen zu, weitere 33 Prozent stimmten überwiegend zu. Diese Zustimmung von in Summe 81 Prozent der TeilnehmerInnen unterstreicht die Bedeutung der persönlichen Beziehung zu den ReferentInnen.

In zwei etwas schlechter beurteilten Seminaren wurde sowohl von Seiten der TeilnehmerInnen als auch der Seminarleitung angegeben, dass der persönliche Kontakt nicht immer so funktioniert habe, wie man/frau das aus früheren Seminaren kannte oder gewollt hätte. Dieser Fall unterstreicht, dass ein ganz wesentliches Element aus dem ehemaligen Hochschullehrgang mit in den neuen Universitätslehrgang Politische Bildung/*Master of Advanced Studies (Civic Education)* übernommen worden ist: Die Rahmenbedingungen müssen den Lehr- und Lerninhalten von Themen im Bereich Politische Bildung entsprechen. Dieser Aspekt unterstreicht die Annahmen des Konstruktivismus in der Erwachsenenbildung, dass Wissen nur dann angeeignet werden kann, wenn die Rahmenbedingungen für die lernende Person günstig sind, das heißt ein Wohlfühlen stattfindet. Die Faktenübermittlung kann nicht vom eigentlichen Lernprozess losgelöst erfolgen. Fakten und Zahlen bleiben sonst ohne Zusammenhang und werden rasch vergessen.

Ob das Seminar gefallen hat oder nicht, liegt für 33 Prozent eindeutig, für weitere 33 Prozent mehrheitlich an der allgemeinen Stimmung. Unentschieden sind 18 Prozent, 16 Prozent sagen aus, dass kaum oder kein Zusammenhang zwischen allgemeinem Gefallen und Stimmung besteht.

Abbildung 11: Die allgemeine Stimmung im Seminar als Faktor für das Gefallen der Seminare

Dass mir das Seminar gefallen/nicht gefallen hat, lag an der allgemeinen Stimmung:	*Häufigkeit*	*Prozent*	*Kumulierte Prozente*
trifft zu	86	33,0	33,0
trifft weitgehend zu	86	33,0	65,9
unentschieden	47	18,0	83,9
trifft kaum zu	16	6,1	90,0
trifft überhaupt nicht zu	26	10,0	100,0
Gesamt	261	100,0	

Diese Antworten zeigen, dass die personelle Besetzung im Universitätslehrgang von großer Bedeutung ist. Ähnlich wichtig ist die Auswahl der Seminarthemen: 74 Prozent sind der Meinung, dass der Umstand, ob ihnen das jeweilige Seminar gefallen oder nicht gefallen hat, (auch) am inhaltlichen Thema des Seminars lag.

Abbildung 12: Inhaltliches Thema als Faktor für das Gefallen der Seminare

Dass mir das Seminar gefallen/nicht gefallen hat, lag am inhaltlichen Thema:	*Häufigkeit*	*Prozent*	*Kumulierte Prozente*
trifft zu	126	47,9	47,9
trifft weitgehend zu	70	26,6	74,5
unentschieden	32	12,2	86,7
trifft kaum zu	13	4,9	91,6
trifft überhaupt nicht zu	22	8,4	100,0
Gesamt	263	100,0	

Andere Ergebnisse ergibt die Verknüpfung von Seminaren und deren Gefallen mit der Zusammensetzung der Gruppe und mit der eigenen Rolle im Seminar. Die Hälfte maß letzterer Bedeutung zu. 62 Prozent der Befragten gaben an, dass die Zusammensetzung der Gruppe mit dem Umstand, ob ein Seminar gefallen habe, zusammenhängt (trifft zu und trifft überwiegend zu als Antwort, wobei die Einzelbewertungen mit 30 Prozent und 32 Prozent annähernd gleich waren).

Abbildung 13: Zusammensetzung der Gruppe als Faktor für das Gefallen der Seminare

Dass mir das Seminar gefallen/nicht gefallen hat, lag an der Zusammensetzung der Gruppe:	*Häufigkeit*	*Prozent*	*Kumulierte Prozente*
trifft zu	79	30,3	30,3
trifft weitgehend zu	84	32,2	62,5
unentschieden	44	16,9	79,3
trifft kaum zu	22	8,4	87,7
trifft überhaupt nicht zu	32	12,3	100,0
Gesamt	261	100,0	

Wie in jeder Konferenz oder Tagung war von den befragten Personen zu hören, dass die wichtigen Gespräche zum Teil in den Pausen stattgefunden hätten.

Gleichzeitig wurde klar, dass die Befürchtung, durch die Einführung des *MAS* und den dadurch entstehenden Veränderungen würde der persönliche Kontakt oberflächlicher, bisher nicht eingetroffen ist. Das Gemeinsame war und ist ein wichtiges Element, stellt aber nicht mehr das alleinige Zentrum des Interesses dar. Die Beziehungen untereinander werden jedoch nach wie vor gepflegt und spielen eine bedeutende Rolle. Gemeinsame Interessen werden selbst organisiert. Ein Rahmenprogramm scheint nicht wichtig zu sein und wurde auch selten über den Fragebogen eingefordert.

Das Interesse an Wissensvermittlung hingegen und das Ausmaß der direkten Anwendbarkeit im Beruf werden immer wichtiger. So wurden „Rollenspiele" und gruppendynamische Unterrichtseinheiten manchmal verweigert, in der offenen Frage kritisiert oder man/frau bat um Kürzung, um noch mehr Fakten zu erhalten, Rückfragen zu stellen und die Diskussion weiterführen zu können. Der Druck, Wissen weitergeben zu können, steigt – und das wird deutlich gemacht.

Entscheidend ist daher die Aufbereitung der Inhalte durch die ReferentInnen. 70 Prozent meinten, das hätte für das Gefallen oder Nicht-Gefallen des Seminars Bedeutung gehabt, während nur 10 Prozent sagten, das wäre teilweise oder ganz bedeutungslos gewesen.

Ein ähnliches Bild ergibt sich, wenn man/frau zur selben Frage die Ergebnisse der StudentInnenbefragung eines Seminars an der Universität Innsbruck, Institut für Politikwissenschaft, betrachtet: Dort waren 68 Prozent der SeminarteilnehmerInnen überzeugt, dass die Aufbereitung der Inhalte wesentlich in Zusammenhang mit dem Gefallen der Seminare steht. 16 Prozent maßen der Didaktik kaum oder gar keine Bedeutung zu.

Abbildung 14: Aufbereitung der Inhalte als Faktor für das Gefallen der Seminare

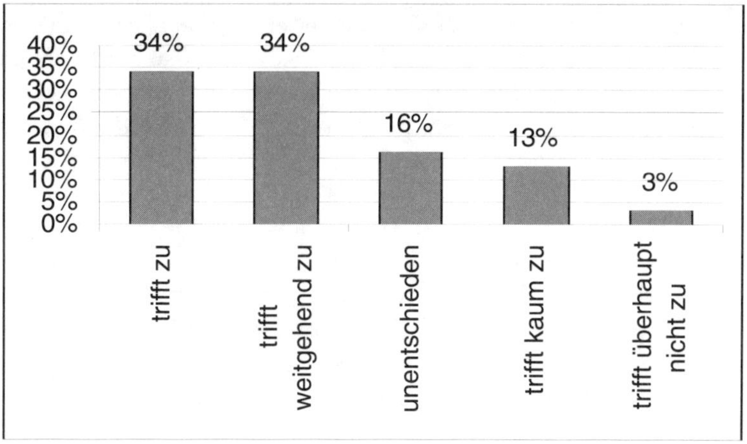

2.5 Zielorientierung

Jedes Seminar ist zielorientiert angelegt: Die TeilnehmerInnen wollen trotz paralleler Prozessorientierung Neues erfahren und Fakten lernen. Gleichzeitig wollen die ReferentInnen Wissen vermitteln, weitergeben und Diskussionen anregen. Insofern ist es zunächst irritierend, dass fast 18 Prozent der TeilnehmerInnen der Meinung waren, die Ziele im Seminar seien nicht (besonders) verständlich dargelegt worden. Bei näherer Betrachtung zeigt sich, dass es im Bereich der Politischen Bildung nicht immer möglich ist, die Ziele festzuhalten und zu beschreiben, da sie nicht immer und überall und schon gar nicht für alle Beteiligten dieselben sein können. Die Anforderungen wurden hingegen ausreichend erklärt, sodass nur sieben Prozent sagten, das traf nicht zu. 70 Prozent gingen davon aus, dass ihnen die Leistungsanforderungen ausreichend klargemacht worden sind.

Abbildung 15: Erklärung der Leistungsanforderungen

Die Erwartungen/ Leistungsanforderungen wurden ausreichend erklärt:	*Häufigkeit*	*Prozent*	*Kumulierte Prozente*
trifft zu	104	38,9	38,9
trifft weitgehend zu	83	31,1	70,0
unentschieden	40	15,0	85,0
trifft kaum zu	21	7,9	92,9
trifft überhaupt nicht zu	20	7,1	100,0
Gesamt	272	100,0	

Die Leistungsanforderungen stehen in Zusammenhang mit der Einführung des MAS-Programms. Für einen Hochschullehrgang haben Leistungen im Verhältnis zum Seminarerlebnis eine untergeordnete Rolle gespielt. Man/frau absolvierte Seminare und meist kam man/frau zur Nachbereitung zusammen, um die inzwischen umgesetzten (Schul-)Projekte in Arbeitsgruppen zu besprechen. Für den *Master of Advanced Studies (Civic Education)* kommen wissenschaftlich orientierte Arbeiten und der Erwerb von Zeugnissen hinzu. Leistungen und ihre Anforderungen gewinnen somit an Bedeutung. Wichtiger als vorher ist, dass die Inhalte logisch nachvollziehbar gegliedert werden, sodass man/frau sie für sich selbst anwenden kann. 40 Prozent der TeilnehmerInnen sagten, das trifft zu. Weitere 26 Prozent waren der Meinung, das trifft überwiegend zu, 16 Prozent blieben unentschlossen.

Abbildung 16: Logische Nachvollziehbarkeit der Inhalte

Die Inhalte wurden logisch nachvollziehbar gegliedert:	*Häufigkeit*	*Prozent*	*Kumulierte Prozente*
trifft zu	107	39,6	39,6
trifft weitgehend zu	71	26,3	65,9
unentschieden	44	16,3	82,2
trifft kaum zu	24	8,9	91,1
trifft überhaupt nicht zu	24	8,9	100,0
Gesamt	272	100,0	

Als externe Faktoren wurden politische Ereignisse zu intervenierenden Variablen, die sogar mehrere Seminare prägten. So fand zufällig wenige Tage nach Amtsantritt einer neuen Regierung das Seminar „Politisches Alltagsverständnis" statt. In diesem und mehreren darauffolgenden Seminaren wurden politische Entwicklungen in Österreich wiederholt zum Thema; einerseits weil es aufgrund des vorgegebenen Seminarthemas so geplant war, andererseits weil es sich aufgrund von Diskussionsbeiträgen und einzelnen Bemerkungen so ergeben hatte. Es gab häufig explizite Fragen nach einer Erklärung politischer Ereignisse mit dem Argument, das eine Teilnehmerin im April 2000 auf den Punkt brachte: „Ich muss noch viel häufiger als früher meinen SchülerInnen tagespolitische Situationen erklären. Sie fragen öfter nach und wollen genauere Auskünfte haben."

Insofern ist die Vermittlung von tagespolitischen Geschehnissen Teil der Arbeit in den Seminaren. Politische Bildung soll und will aber nicht unbedingt nur die unmittelbare Gegenwart erklären, sondern benötigt für das Verständnis und die Erklärung neuer Tendenzen Analysen, um auch größere Zusammenhänge durchschauen, erklären und besprechen zu können. Tagespolitik kann daher ein Thema, nicht aber Hauptaufgabe der Seminare sein.

Die Frage nach der ausreichenden Berücksichtigung aktueller Ereignisse und jüngster wissenschaftlicher Erkenntnisse wird dadurch brisant. Das Bedürfnis nach Aufklärung über Neues dürfte trotz aller Schwierigkeiten durch Aktualität ausreichend befriedigt worden sein, denn 77 Prozent der TeilnehmerInnen (187 Personen) gaben an, dass dies zutraf oder überwiegend zutraf. Nur knapp 13 Prozent behaupteten das Gegenteil.

Abbildung 17: Berücksichtigung aktueller politischer Ereignisse und wissenschaftlicher Tendenzen

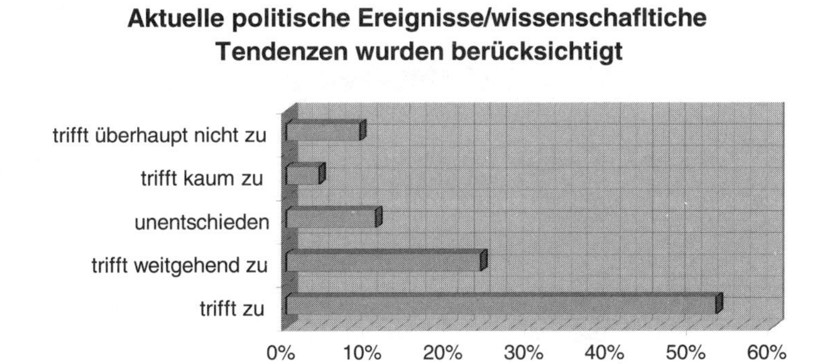

	trifft zu	trifft weitgehend zu	unentschieden	trifft kaum zu	trifft überhaupt nicht zu
Reihe1	53%	24%	11%	4%	9%

Zwei weitere Fragen setzen genau an diesem Punkt an: Die Frage nach der kritischen Auseinandersetzung mit den Themeninhalten und die Frage nach der Objektivität. Erstere wurde von knapp 76 Prozent der TeilnehmerInnen positiv bewertet, was bedeutet, dass man/frau der Meinung war, auf kritische Auseinandersetzung mit den Themeninhalten ist ausreichend Wert gelegt worden.

Eines der spannendsten Ergebnisse ergab sich aus der Frage nach der Objektivität der ReferentInnen gegenüber verschiedenen Meinungen. 55 Prozent gaben an, die Objektivität war gegeben, weitere 26 Prozent gaben an, sie war teilweise gegeben, elf Prozent zeigten sich unentschieden. Grundlage bildete nicht eine scheinbare Unparteilichkeit als (falscher) Objektivitätsbegriff, sondern die Möglichkeit, zwischen Fakten und Meinungen von ReferentInnen zu unterscheiden.

Abbildung 18: Objektivität der ReferentInnen

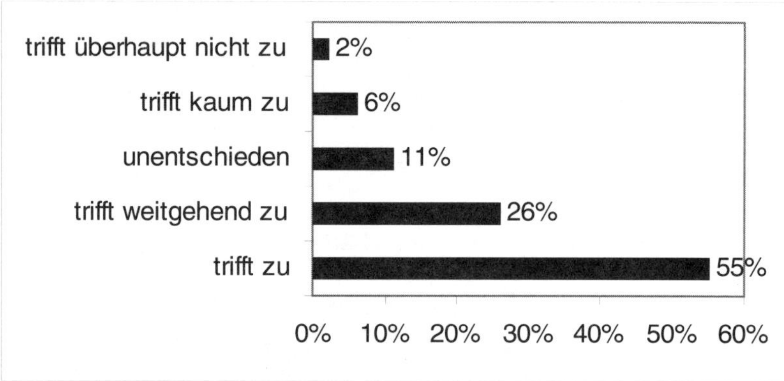

Bemerkenswert ist, dass sich die Beurteilung der Objektivität im Laufe des Studienjahrs 1999/2000 geändert hat. Die Änderungen betrafen weniger diese Prozentwerte, sondern kamen vor allem in der offenen Frage zum Ausdruck. Vorausgeschickt werden muss, dass das erste Seminar des Studienjahres am 3. Oktober 1999 begann, als in Österreich Nationalratswahlen stattfanden. Dadurch war konkret ein politisches Thema für die folgenden Semester vorgegeben. Es folgten unzählige Diskussionen zur Parteipolitik und den Auswirkungen der Regierungsbildung. In der offenen Frage wurde von den TeilnehmerInnen immer wieder eingefordert, die ReferentInnen mögen weniger objektiv sein und ihre persönlichen Meinungen kundtun. Dieses Bild änderte sich mit dem Amtsantritt einer neuen Regierung sofort: plötzlich war die persönliche Meinung weniger interessant, wollte auch nicht mehr im früheren Maße gehört werden. War sie dennoch offensichtlich, wurde im Fragebogen über die offene Frage mehrmals mitgeteilt, dass eine Parteinahme nicht erwünscht sei, und dass es besser wäre, Themen ohne persönliche Meinung abzuhandeln. Festgehalten werden muss, dass die völlige Ablehnung der persönlichen Meinung von ReferentInnen weiterhin eine Minderheit darstellte, doch im Gegensatz zu vorher tendenziell stark gestiegen war.

Eine Erklärungshypothese lautet: Bis zur Regierungsbildung waren verschiedene Möglichkeiten offen, man/frau diskutierte. Anfang Februar stand das Ergebnis von Koalitionsverhandlungen fest, das durch Diskussionen nicht beeinflussbar war. Es dürfte daraufhin mehreren TeilnehmerInnen sinnlos erschienen sein, noch persönliche Meinungen zum Thema zu hören.

Auffallend war weiters, dass in der offenen Frage vor allem weiblichen ReferentInnen mehrfach vorgeworfen wurde, nicht objektiv genug zu sein. Das traf insbesondere zu, wenn im Vortrag Frauenthemen und Themen anderer Marginalisierung auf dem Programm standen. Die Kritik kam dabei von Frauen und Männern gleichermaßen.

Eine andere interessante Frage in der Erwachsenenbildung ist jene nach dem Gleichgewicht zwischen Theorie und Praxis bzw. der Frage an sich, ob es ein solches Gleichgewicht überhaupt geben kann oder inwieweit es wünschenswert ist. Auf den ersten Blick wird diese Frage mit „ja“ zu beantworten sein. Erst bei genauer Sichtung wird klar, dass das einerseits manchmal nicht möglich ist und andererseits auch vom Themenbereich abhängt. Jedenfalls gilt für den Universitätslehrgang Politische Bildung/*Master of Advanced Studies (Civic Education)*, dass 55 Prozent der SeminarteilnehmerInnen (146 Personen) der Meinung sind, ein sinnvoller Bezug zwischen Theorie und Praxis ist in irgendeiner Form hergestellt worden. 22 Prozent waren unentschieden und der Rest war gegenteiliger Meinung.

Das Ergebnis bestätigt sich in den Antworten auf eine ähnlich formulierte Kontrollfrage nach der Praxisnähe oder Praxisferne des Seminars. Knapp mehr als die Hälfte der TeilnehmerInnen sehen das betreffende Seminar als (eher) praxisnah.

Abbildung 19: Bezug zwischen Theorie und Praxis

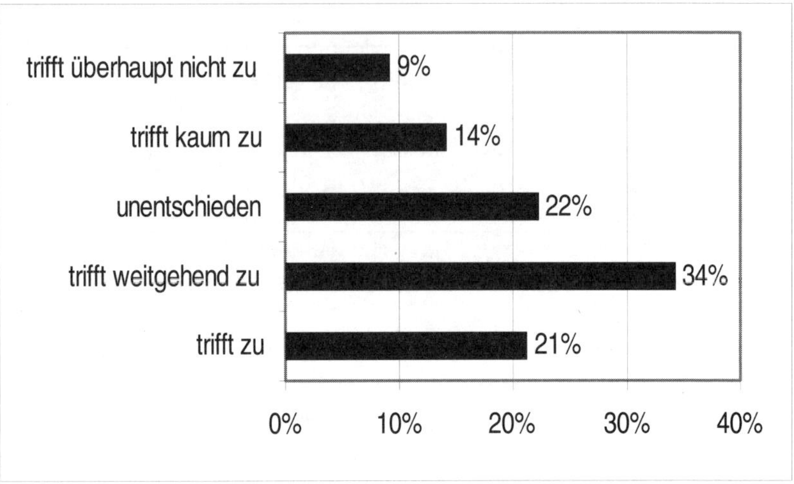

Von besonderer Bedeutung ist die Harmonie des Universitätslehrgangs Politische Bildung/*MAS (Civic Education)*. Durch die Fragestellung, ob das Einzelseminar gut in das allgemeine Programm passt, konnte indirekt erforscht werden, wie das Programm in seiner Gesamtheit gesehen wird. 82 Prozent hielten das jeweils beurteilte Seminar für in den Lehrgang passend. Neun Prozent blieben unentschieden, der Rest von ebenfalls neun Prozent dachte zumindest teilweise, dass das betreffende Seminar nicht passe.

Wer will an einem Lehrgang teilnehmen, bei dem die einzelnen Seminare extreme Schwankungen aufweisen und nicht zueinander passen, in dem jedes Seminar für sich steht und in keinen Zusammenhang mit den anderen Seminaren gebracht werden kann? Wer würde sich wohl fühlen, wenn nicht eine Gesamtharmonie zu spüren wäre? Harmonie heißt eine Verträglichkeit der Seminare untereinander; aber auch Verständlichkeit, v.a. im Sinne der Architektur des Universitätslehrgangs. Es ist erfreulich, dass die weitgehend frei wählbare Reihenfolge der Seminare nicht verhindert, eine Einheit sehen zu können. Das bestätigt den Lehrplan. Gleichzeitig wird deutlich, dass Politische Bildung Vorstellungen impliziert, was man/frau lernen möchte, was man/frau erwartet, was Politische Bildung einem/einer selbst bedeutet. Diese Vorstellungen können in der Politischen

Bildung nicht in jedem Einzelfall erfüllt werden. Grund dafür ist, dass der Begriff an sich schwer zu umgrenzen ist und Inhalte sowie Methoden in sich vereint, die auf den ersten Blick nicht unbedingt kompatibel sind, vor allem nicht immer bequem und angenehm zu hören und zu erfahren sind. „Politische Bildung ist bewusste, an den Normen der Demokratie orientierte Arbeit für die politische Kultur. Politische Bildung ist Übungsfeld für Demokratie. Ohne sie wird Demokratie nicht lebendig bleiben.“[5]

Ein weiterer Aspekt hat sich mit Einführung des *Master of Advanced Studies (Civic Education)* zunehmend verändert und könnte die Evaluationsergebnisse beeinflusst haben. Während im früheren Hochschullehrgang 15-20 TeilnehmerInnen den Normalfall darstellten, sind es nun durchschnittlich 30 Personen, die an einem Seminar teilnehmen. Ein Großteil der Seminare könnte doppelt abgehalten werden, wenn die Ressourcen dafür zur Verfügung stünden. Mit dieser Veränderung war es wesentlich zu erfahren, ob die Arbeitsformen mit der Gruppengröße übereinstimmen oder diese an kleineren Gruppen orientiert sind. 86 Prozent glaubten immerhin, dass Arbeitsformen und Gruppengröße zusammenpassten.

2.6 Didaktik

Analog zum Begriff Politische Bildung ist die Didaktik derselben schwierig zu definieren. Die Unterrichtseinheiten sind in den Seminaren unterschiedlich gestaltet und beinhalten spielerisches Erklären und Lernen, Frontalvorträge mit anschließender Diskussion und/oder Arbeitsgruppen, aber auch Rollenspiele, die erst nachträglich als solche aufgeklärt werden, um einen bestimmten Lernprozess zu provozieren.

Die Meinungen gehen in diesem Fragenkomplex sehr deutlich auseinander. Es wurden vor allem Extremwerte auf der vorgegebenen Skala angekreuzt, was zur Folge hatte, dass sich als irreführendes Ergebnis für die Endauswertung ein nahezu ausgeglichenes System ergab, in dem ein Drittel der Befragten zufrieden gewesen sein dürfte, ein zweites Drittel unzufrieden war und ein drittes Drittel keine eigene Meinung abgab.

In diesem Sinne ausgewogen waren die Antworten auf die Frage nach den „Frontalvorträgen“, einem an sich negativ konnotierten Begriff. Die Frage lautete auch provokant, ob es zu viele „Frontalvorträge“ (sic) gegeben hätte. Alle fünf Antwortmöglichkeiten erhielten an die 20 Prozent (siehe Abbildung), mit einer geringfügigen Abweichung zugunsten der Verneinung mit 28 Prozent.

Abbildung 20: „Frontalvorträge"

Es gab zu viele „Frontalvorträge":	*Häufigkeit*	*Prozent*	*Kumulierte Prozente*
trifft zu	46	17,3	17,3
trifft weitgehend zu	46	17,3	34,6
unentschieden	46	17,3	51,9
trifft kaum zu	54	20,3	72,2
trifft überhaupt nicht zu	74	27,8	100,0
Gesamt	266	100,0	

Für dieses relativ ausgewogene Ergebnis gibt es verschiedene Erklärungsmuster: Eine Erklärung findet sich in den Seminarthemen selbst. Nicht jedes Seminar eignet sich zu vielen Spielen. Umgekehrt lassen sich gewisse Themenbereiche der Politischen Bildung, allen voran die Aspekte der sozialen Kompetenz, nicht über stundenlange Vorträge darstellen.

Andererseits versteht sich von selbst, was in fast jedem Interview salopp formuliert worden ist: „Man/frau kann es nie allen immer recht machen". Eine Einsicht, die auch in Gesprächen von den TeilnehmerInnen wiederholt angesprochen worden ist. Schließlich hängt die Zufriedenheit oder Unzufriedenheit mit der einen oder anderen Didaktik-Methode von eigenen Erwartungen, Zielvorstellungen und Aktivitätsbereitschaft ab.

Dasselbe gilt für die Diskussionsfreude, wobei für die TeilnehmerInnen des Universitätslehrgangs Politische Bildung/*MAS (Civic Education)* gesagt werden kann, dass die Diskussionsbereitschaft bei einem Großteil in hohem Maße gegeben ist und die für Diskussionen eingeplante Zeit tendenziell zu knapp wird. Doch sehen auch 72 Prozent genügend Raum zum Diskutieren. Interessant ist, dass sich hier ein fast identisches Bild ergibt, wenn man/frau das oben erwähnte Seminar aus Politischer Bildung für StudentInnen der Politikwissenschaft an der Universität Innsbruck betrachtet. Dort sind 74 Prozent mit dem Zeitraum, der für Diskussionen offen steht, zufrieden.

Ein Ergebnis, das je nach Seminar sehr stark schwankte, war die Kritik der Wissensvermittlung. Den Satz „Es wurde mir viel Wissen von ‚Fakten' vermittelt", bestätigten 42 Prozent ganz, weitere 24 Prozent teilweise, während fast 20 Prozent in der einen oder anderen Art widersprachen. Dies spricht deutlich für das große Bedürfnis nach Information. Das trifft vor allem für jene Seminare zu, zu deren Informationen man/frau im Alltag am wenigsten Zugriff hat. Es muss erwähnt werden, dass sehr viele TeilnehmerInnen nicht in Universitätsstädten leben sondern in ländlichen Gebieten oder in kleineren Gemeinden, sodass der Zugang zu Fachliteratur nicht immer einfach ist.

Abbildung 21: Vermittlung von Fakten

Es wurde mir viel Wissen von „Fakten" vermittelt:	*Häufigkeit*	*Prozent*	*Kumulierte Prozente*
trifft zu	114	42,4	42,4
trifft weitgehend zu	64	23,8	66,2
unentschieden	41	15,2	81,4
trifft kaum zu	25	9,3	90,7
trifft überhaupt nicht zu	25	9,3	100,0
Gesamt	269	100,0	

Insofern spielt es eine große Rolle, dass die vermittelten Inhalte leicht verständlich aufbereitet werden. 63 Prozent stimmten zu, dass das gelungen ist. Zwölf Prozent stimmten kaum und sieben Prozent gar nicht zu. Dazu passt die Frage, ob die Inhalte gut verständlich weitergegeben worden sind. Die Prozentsätze ähneln sich, stimmen aber nicht ganz überein, da offensichtlich Aufbau und Weitergabe von Inhalten nicht gleich empfunden und beurteilt werden. Zur Qualität der Weitergabe: 70 Prozent meinten ja, 10 Prozent nein.

Abbildung 22: Verständlichkeit der Inhalte

Die Inhalte wurden klar und übersichtlich aufbereitet:	*Häufigkeit*	*Prozent*	*Kumulierte Prozente*
trifft zu	92	34,6	34,6
trifft weitgehend zu	75	28,2	62,8
unentschieden	49	18,4	81,2
trifft kaum zu	32	12,0	93,2
trifft überhaupt nicht zu	18	6,8	100,0
Gesamt	266	100,0	
Die Lehrveranstaltungsinhalte wurden gut verständlich weitergegeben:	*Häufigkeit*	*Prozent*	*Kumulierte Prozente*
trifft zu	89	34,6	34,6
trifft weitgehend zu	90	35,0	69,6
unentschieden	53	20,6	90,3
trifft kaum zu	17	6,6	96,9
trifft überhaupt nicht zu	8	3,1	100,0
Gesamt	257	100,0	

Das Ergebnis macht deutlich, dass zur Umsetzung unterschiedliche Meinungen vorliegen. Von einigen TeilnehmerInnen kam immer wieder der Satz, sie hätten schon so viele Seminare besucht und die Vermittlung von Umsetzungsmethoden nicht mehr nötig. Eine Teilnehmerin brachte das mit folgender Bemerkung auf den Punkt: „Die meisten von uns unterrichten seit mehr als 20 Jahren. Wenn wir das Umsetzen bis heute nicht gelernt haben, dann ist es ohnehin zu spät. Nützen wir die Zeit lieber für Anderes." Dieser Bemerkung applaudierten Viele. Andere TeilnehmerInnen hingegen meinten, gerade bei schwierigeren Inhalten sei ein Austausch über die Umsetzungsmöglichkeiten sehr wohl nötig und hilfreich.

Ein Teil des Anliegens der „Alltagsverwendung" betrifft natürlich das Bedürfnis nach Seminarunterlagen und zur Verfügung gestellten Materialien, die über das Seminar hinaus genützt werden können. In den Seminaren wird damit unterschiedlich umgegangen. In einigen Seminaren gibt es Skripten, in anderen Kopien aus Artikeln und Büchern, und in mehreren Fällen werden Bücher verteilt. 78 Prozent der TeilnehmerInnen sind der Ansicht, dass man/frau die Unterlagen des Seminars auch nach dem Seminar verwenden werde können. 68 Prozent meinten, dass die Unterlagen hilfreich waren, um das Seminar besser zu verstehen.

Abbildung 23: Bewertung der Unterlagen

Die verwendeten Unterlagen waren hilfreich, um die Inhalte des Seminars besser zu verstehen:	*Häufigkeit*	*Prozent*	*Kumulierte Prozente*
trifft zu	111	41,7	41,7
trifft weitgehend zu	70	26,3	68,0
unentschieden	55	20,7	88,7
trifft kaum zu	15	5,6	94,4
trifft überhaupt nicht zu	15	5,6	100,0
Gesamt	266	100,0	

In den Seminaren zeigte sich in den Schlussbesprechungen, dass vor allem Frauen gerne nach weiterführender Literatur fragen und mit den angegebenen Werken nicht vollkommen zufrieden sind, weil sie gerne weitere Angaben hätten.

Keine konkreten Ergebnisse ergab die Frage nach der Interdisziplinarität. Am IFF, als Institution, welche die Interdisziplinarität im Namen trägt, werden die Kriterien an eine solche automatisch hoch gesteckt. Dennoch zeigt sich der Begriff in der schriftlichen Fragestellung schwammig. Wie soll und kann Interdisziplinarität getestet und bewertet werden? Ist der Verweis auf andere Disziplinen bereits genug? Oder müssen in einem Seminar Personen aus unterschiedlichen Disziplinen unterrichten, um interdisziplinär genannt zu werden? Müssen die Verweise in andere Disziplinen auch konkret inhaltlicher Natur sein? Die Kriterien wurden durch die Fragestellung offenbar nicht deutlich erkennbar. Das Ergebnis, dass fast die Hälfte der TeilnehmerInnen (46 Prozent) der Meinung waren, dass die Interdisziplinarität im jeweils bewerteten Seminar gegeben war, während mehr als ein Viertel (27 Prozent) unentschieden antworteten, weist darauf hin, dass die Erwartungen erfüllt worden sind. Dennoch weiß man/frau durch diese Zahlen nichts über die Qualität der Interdisziplinarität.

2.7 Meinungen über die ReferentInnen

Ein Wechsel von einem Hochschullehrgang zu einem Universitätslehrgang und MAS-Programm, wie es im ehemaligen Hochschullehrgang Politische Bildung mit Wintersemester 1999/2000 der Fall gewesen ist, erfordert auch von Seiten der Referierenden Bereitschaft zur Veränderung. Da ein Großteil der SeminarleiterInnen an der Universität tätig ist, war diese Umstellung jedoch nicht zu groß. Das besagt auch das Ergebnis der Frage nach der fachlichen Kompetenz und dem Vorhandensein des neuesten Wissenstands unter den ReferentInnen. 87 Prozent sehen diese Kompetenz gegeben, acht Prozent sind unentschieden und nur marginale zwei Prozent meinen das Gegenteil. Selbstverständlich können aufgrund von Sympathie und Antipathie sehr subjektive Meinungen die Bewertung beeinflusst haben.

Abbildung 24: Fachliche Kompetenz der ReferentInnen

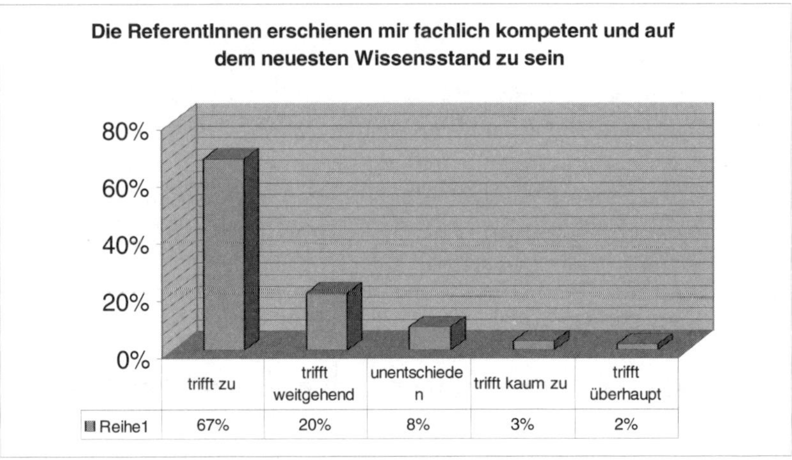

Die Kommunikation zwischen TeilnehmerInnen und ReferentInnen funktioniert. Diskussionen entstehen zu lassen, ist eine gewünschte Situation. Eher lassen sich gar nicht alle Fragen ausreichend beantworten, als dass es einen Mangel an solchen und Diskussionsbeiträgen gibt. Dementsprechend positiv auch die Antwort auf die Frage nach der Bereitschaft der ReferentInnen auf Fragen einzugehen: 87 Prozent (oder 236 Personen) bejahten eine solche Bereitschaft, sieben Prozent waren unentschieden. Ähnlich die dazu passende Frage nach dem Eingehen auf spezifische Interessen der TeilnehmerInnen, wo 78 Prozent der Befragten meinten, dass dies zutrifft.

Abbildung 25: Eingehen auf Fragen

Die ReferentInnen antworteten bereitwillig auf Fragen:	*Häufigkeit*	*Prozent*	*Kumulierte Prozente*
trifft zu	184	68,1	68,1
trifft weitgehend zu	52	19,3	87,4
unentschieden	19	7,0	94,4
trifft kaum zu	9	3,3	97,8
trifft überhaupt nicht zu	6	2,2	100,0
Gesamt	270	100,0	

Die Beurteilung der ReferentInnen stellt gleichzeitig eine der schwierigsten Aufgaben für das Evaluationsprojekt dar, da sich hier die Meinungen über eine sinnvolle Bewertungsmethode deutlich unterscheiden. Während man/frau von Seiten der EvaluatorInnen nicht davon abgehen konnte und wollte, die ReferentInnen desselben Seminars jeweils als Team zu begreifen, waren – wie an anderer Stelle genauer beschrieben – die meisten TeilnehmerInnen gegenteiliger Meinung. Die Klage der TeilnehmerInnen war immer wieder dieselbe: „Aber dann ist es ja so, dass ich das ganze Team schlechter bewerten muss, nur weil mir eine einzelne Person nicht zugesagt hat, während ich aber der Meinung bin, dass die anderen ReferentInnen fantastisch waren.“ Das Dilemma lässt sich mittels Fragebogen leider nicht lösen. Jede andere, nämlich eine einzelne Beurteilung der ReferentInnen, wäre unfair gegenüber den Arbeitsweisen in den Seminarteams.

Die einzelnen Bewertungen kurz zusammengefasst:

- 90 Prozent der TeilnehmerInnen waren der Meinung, dass die ReferentInnen gut vorbereitet in die Seminare gekommen sind
- 87 Prozent meinten, dass sie fachlich kompetent waren
- 97 Prozent meinten, dass sie konzentriert arbeiteten.

Weil die Seminare geblockt werden und man/frau einander daher auch in der Freizeit begegnet, spielte die Bewertung des Gruppenklimas von ReferentInnen und TeilnehmerInnen eine wesentliche Rolle für jedes Seminar. Selbst die besten ReferentInnen erhalten keine guten Bewertungen, wenn sie nicht den Kontakt zu den TeilnehmerInnen suchen. In der offenen Frage wird darüber ausführlich befunden, wenn etwa festgestellt wird, dass ein Team „besonders freundlich“ ist oder sich im Gegensatz dazu „sehr intensiv zurückzieht und den Kontakt in der Freizeit meidet“ oder, anders ausgedrückt, „sehr distanziert“ agiert.

Umgekehrt lässt sich anhand der Interviews mit den ReferentInnen erkennen, dass ihnen ein intensiver Kontakt und die dazugehörigen abendlichen Diskussionen wichtig sind, und als positive Unterscheidung der Lehrgangsseminare von universitären Seminaren empfunden werden.

88 Prozent der SeminarteilnehmerInnen meinten, die ReferentInnen seien gut oder eher gut auf das jeweilige Seminar vorbereitet. Als fachlich kompetent wurden 83 Prozent eingeschätzt, vordergründig betrachtet ein geringer Wert. Doch senkten ein bis zwei teilweise nicht so gut ausgefallene Seminare den prozentuellen Durchschnitt, während die anderen ReferentInnen sehr gute Beurteilungen erhielten. Gleichzeitig gelten 96 Prozent der Vortragenden als konzentriert und 91 Prozent als versiert. Natürlich sind alle Begriffe subjektiv. Generell gilt, dass solche Begriffe nicht immer gleich verstanden werden; die Konnotationen sind variabel.

Die Möglichkeit der individuellen Beurteilung von ReferentInnen war, wie erwähnt, im Fragebogen nicht gegeben. Doch wurden die ReferentInnen, auch wenn sie gemeinsam auftraten, zumindest großteils die gesamte Woche anwesend waren und gemeinsam lehrten und diskutierten, durchaus als Einzelpersonen wahrgenommen. Daraus resultierte ein großes Interesse der TeilnehmerInnen, die Leistungen und Vortragsweisen der ReferentInnen getrennt bewerten zu können. Groß war teilweise die Enttäuschung, da das nicht möglich war.

Die Erklärung ergibt sich, weil Seminare von Teams vorbereitet und durchgeführt werden. Für die TeilnehmerInnen ist nicht klar ersichtlich, wer welche Vorbereitungsarbeit geleistet hat. Gleichzeitig werden viele Unterrichtseinheiten gemeinsam oder zumindest mit gegenseitiger Unterstützung gestaltet. Eine nach Personen getrennte Evaluation würde dem Sinn dieser Teamarbeit widersprechen.

Durch die offene Frage und ergänzende Gespräche ergaben sich allerdings Besonderheiten bei der Beurteilung von weiblichen ReferentInnen. Diese werden in der Regel besonders strengen Kriterien der Bewertung unterzogen. Auffällig dabei ist, dass diese Vermutung in den Interviews vor allem von männlichen ReferentInnen immer wieder geäußert wird; während Frauen das zum Teil gar nicht thematisieren, sondern erst auf eine direkte Frage der Evaluatorin – ausgelöst durch die Ergebnisse der offenen Frage – reagieren.

2.8 Beurteilung von Frauen als ReferentInnen

Der Bewertung der einzelnen ReferentInnen liegt unwiderlegbar eine leicht frauenfeindliche Tendenz zugrunde. Diese Aussage mag in einem Umfeld der Politischen Bildung überraschend, erschreckend und provokant sein, ergibt sich aber nicht nur aus den Daten der Evaluation und diesbezüglichen Beobachtungen, sondern bestätigte sich auch in Gesprächen mit männlichen und weiblichen ReferentInnen. Vor allem männliche Referenten berichteten von häufigerem Unterbrechen der Vorträge durch TeilnehmerInnen, wenn die Vortragenden Frauen waren. Ganz ähnlich wird vorgegangen, wenn kritisiert wird.

Der Umstand, dass Frauen anders beurteilt werden als männliche Referenten gilt selbstverständlich nicht für alle TeilnehmerInnen, auch nicht für alle männlichen Teilnehmer, ist jedoch auffallend.

Die Vorstellung dieses Ergebnisses der Evaluation im Rahmen eines Seminars löste unter den TeilnehmerInnen eine angeregte Diskussion aus. Es fiel auf, dass die Einstellungen zu Frauen als Lehrende sich nur in geringem Maße von dem unterscheiden, was auch außerhalb des Lehrgangs über in der Wissenschaft tätige Frauen zu hören ist. Der darüber ein wenig verwunderte Kommentar einer Frau aus dem Lehrgang wurde von einem männlichen Teilnehmer damit abgetan, dass es im Lehrgang ja auch nicht mehr „Gut-Menschen" gäbe als außerhalb.

Allein der indirekte Hinweis, dass für die gleichwertige Beurteilung von Frauen und Männern ein „Gut-Mensch" notwendig wäre, sagt manches über den Stellenwert der Frauenfrage im Universitätslehrgang Politische Bildung aus. Im Zuge dessen wurde mehrmals der Ruf nach einem eigenen Seminar zum Thema Frauenfeindlichkeit eingefordert; ein Wunsch, der für einen Universitätslehrgang zu Politischer Bildung sicher sehr beachtenswert ist.

Weil in Bezug auf die offene Frage nur von Tendenzen gesprochen werden kann, lässt sich diese Frage nicht überbewerten. Auch die Beurteilung von weiblichen Vortragenden ist somit nichts Anderes als eine Tendenz. Allerdings eine von besonderer Wichtigkeit. Auch können solche Tendenzen mehr an Hintergrundinformation enthalten als prozentuell messbare Aussagen. Der Vorwurf des „anything goes", mit dem die Anerkennung von nicht direkt und vordergründig messbaren Tendenzen konfrontiert ist, verdeckt zuweilen den Blick auf das Wesentliche. Die Errungenschaft der Postmoderne mag in diesem Zusammenhang sein, dass der Blick geöffnet wird für die kleinen Details einer gesellschaftlichen Entwicklung, die nur scheinbar am Rande stattfindet.

2.9 Nochmals Didaktik

Weil ein Großteil der TeilnehmerInnen im Lehrberuf tätig ist und die Tükken der Präsentation eines Themas kennt, wird auf die Aufbereitung der Inhalte sehr großen Wert gelegt. So sagten die ReferentInnen in den Interviews oft, dass die eigentlichen PädagogInnen im Lehrgang die TeilnehmerInnen sind, während sie – meist als WissenschafterInnen – lediglich Wissen vermitteln. Es würde in manchen Fällen wenig Sinn machen, den LehrerInnen zu erklären, wie sie die Inhalte an ihre SchülerInnen weitergeben sollten bzw. wie sie aus dem im Seminar Erfahrenen zu einer sinnvollen Umsetzung kommen.

Das entbindet die in den Seminaren Vortragenden natürlich nicht davon, möglichst klar und an der beruflichen Umsetzbarkeit orientiert zu lehren. Erfreulich ist, dass – für alle Seminare gemeinsam gesehen – die Bewertung der Gestaltung von Seminaren positiv ausgefallen ist. Nur fünf Prozent waren der Ansicht, dass ein Seminar schlecht gestaltet war, sieben Prozent meinten, es sei relativ schlecht gestaltet gewesen, während 28 Prozent von einer überwiegend guten und 30 Prozent von einer sehr guten Gestaltung sprachen.

Abbildung 26: Gestaltung der Seminare 1.

Das Seminar war:	*Häufigkeit*	*Prozent*	*Kumulierte Prozente*
schlecht gestaltet	14	5,3	5,3
weitgehend schlecht gestaltet	19	7,1	12,4
eher schlecht gestaltet	31	11,7	24,1
eher gut gestaltet	48	18,0	42,1
weitgehend gut gestaltet	75	28,2	70,3
gut gestaltet	79	29,7	100,0
Gesamt	266	100,0	

Damit vergleichbar waren die Kriterien „lehrreich“ und „spannend“ :

Hier ergaben sich zwischen den Lehrgangsseminaren und Lehrveranstaltungen an der Universität Innsbruck deutliche Unterschiede: Beispielsweise empfanden 31 Prozent der Innsbrucker StudentInnen das dortige Seminar nicht als besonders gut gestaltet. Ein möglicher Grund ist, dass an der Universität der Methodenmix in Seminaren deutlich geringer ist als bei Seminaren der Politischen Bildung.

Abbildung 27: Gestaltung der Seminare 2.

Das Seminar war:	*Häufigkeit*	*Prozent*	*Kumulierte Prozente*
nicht lehrreich	10	3,7	3,7
weitgehend nicht lehrreich	21	7,8	11,5
eher nicht lehrreich	18	6,7	18,2
eher lehrreich	29	10,8	29,0
weitgehend lehrreich	72	26,8	55,8
lehrreich	119	44,2	100,0
Gesamt	269	100,0	

Abbildung 28: Gestaltung der Seminare 3.

Das Seminar war:	*Häufigkeit*	*Prozent*	*Kumulierte Prozente*
spannend	84	31,2	31,2
weitgehend spannend	70	26,0	57,2
eher spannend	52	19,3	76,6
eher langweilig	33	12,3	88,8
weitgehend langweilig	20	7,5	96,3
langweilig	10	3,7	100,0
Gesamt	269	100,0	

75 Prozent waren in den Lehrgangsseminaren der Meinung, dass die Arbeitsformen relativ, überwiegend oder durchgehend sinnvoll ausgewählt worden sind. Dasselbe gilt für die Abwechslung der Arbeitsformen, die von 55 Prozent als vollkommen richtig empfunden wurden. Von vielen LehrerInnen war im Laufe der Seminare zu hören, jetzt verstünden sie, warum ihre SchülerInnen manchmal außergewöhnlichere Arbeitsformen verweigern. Man/frau könne leicht „zuviel davon bekommen" und es wäre zuweilen sehr hilfreich und angenehm, einfach einem Frontalvortrag zuzuhören. Umgekehrt würde auch die Langeweile verständlich, wenn sich Arbeitsformen nicht abwechselten, sondern Spiele und andere Übungen geballt auftreten.

Positiv wurde auch von den ReferentInnen in den Interviews angemerkt, dass sich die TeilnehmerInnen ohnehin bereits im Seminar sehr rasch melden, wenn die Arbeitsformen oder andere Aspekte des Seminars nicht nach ihren Wünschen abliefen.

Eine weitere wichtige Frage: Waren die Zusammenhänge im Seminar für die TeilnehmerInnen klar erkennbar? 44 Prozent stimmten zu, 29 Prozent meinten, die Zusammenhänge wären relativ gut erkennbar gewesen, und neun Prozent betrachteten einen „roten Faden" als eher gut erkennbar.

Selbstverständlich handelt es sich um eine subjektive Einschätzung von Zusammenhängen durch die TeilnehmerInnen. Nur sie entscheiden – und das oft unbewusst – welche Inhalte zusammenpassen und welche Einheiten in einem Seminar als Fremdkörper erscheinen, mit dem sie nichts anfangen können. Hier bestätigen sich die Ideen des Konstruktivismus wieder, der besagt, dass nur aufgenommen werden kann, wofür es bereits ein Interesse, eine Bereitschaft zur Aufnahme gibt.

Dazu passend werden die Anforderungen im Seminar als relativ hoch angesehen. Aus Gesprächen mit den TeilnehmerInnen geht des Weiteren hervor, dass viele der Meinung sind, die Anforderungen wären durch die Einführung des MAS gestiegen. Das ist natürlich durch die Seminararbeiten nachzuweisen. „Output" ist mittlerweile nicht allein ein schulisches Projekt oder Ähnliches, sondern es besteht zusätzlich der Anspruch einer (wissenschaftlichen) Verschriftlichung. Mehrere TeilnehmerInnen haben auf eigenen Wunsch theoretische Themen für die Seminararbeit gewählt. Tendenziell führt die Umstellung zur Trennung der TeilnehmerInnen in Gruppen von eindeutigen PraktikerInnen und an Theorie Interessierten – auch das ist in den Fragebögen erkennbar – die diesbezüglich von extremeren Bewertungen geprägt sind. In diesen Fällen verzerren Mittelwerte als rechnerischer Durchschnitt das Gesamtbild.

2.10 Das Seminarpublikum – eine Elite?

„In einer demokratischen Gesellschaft hat ein Erwachsener potentiell jederzeit die Gelegenheit, sich politisch (weiter) zu bilden", schreibt Klaus-Peter Huber.[6]

Mit der steigenden Bedeutung neuer Kommunikationstechnologien und Medien befinden sich politische Systeme weltweit im Wandel, während gleichzeitig Bildungsanforderungen und Bildungsmöglichkeiten dramatisch ansteigen. Das bedeutet auch Änderungen für die Politische Bildung als gesellschaftliche Aufgabe. Es stellt sich mit diesem gesellschaftspolitischen Auftrag automatisch die Frage, wen man/frau über Lehrveranstaltungen zur Politischen Bildung erreicht. Stellen Personen, die einen Universitätslehrgang Politische Bildung/*MAS (Civic Education)* besuchen eine Art „Elite" dar, indem sie besonderes Interesse, besondere Verantwortung und besondere soziale Kompetenzen beweisen? Das beschriebene Thema der Kritik an Frauen als Lehrenden zeigt das Gegenteil. Muss das deswegen allgemein gelten? Offen bleibt das Dilemma, inwieweit Politische Bildung sich zu sehr an einen bestimmten InteressentInnentyp richtet und Teile der Öffentlichkeit ausgeschlossen bleiben. Hinweise auf den MultiplikatorInneneffekt klingen oft unzureichend, treffen jedoch den Punkt:

„Demokratisch politische Erwachsenenbildung basiert auf der Freiwilligkeit der TeilnehmerInnen. Sie erreicht demzufolge wohl immer nur eine Minderheit. Dabei müssen sich politische ErwachsenenbildnerInnen mit der Frage auseinandersetzen, ob es die ‚richtige' Minderheit ist, die an den Kursen teilnimmt, oder ob sie – was allerdings auch nicht wenig ist – mit ihren Angeboten lediglich eine Politisierung der bereits Politisierten betreiben.“[7]

Anmerkungen:

1 Ekkehard Nuissl, *Zwischen öffentlichem Auftrag und Markt.* in: Wolfgang Sander (Hg.): *Handbuch politische Bildung. Praxis und Wissenschaft.* Schwalbach 1997 (Reihe Politik und Bildung, Bd. 11), S. 521

2 Wir danken den TeilnehmerInnen des Universitätslehrgangs Politische Bildung/*Master of Advanced Studies (Civic Education)* für ihre Bereitschaft, den Fragebogen zu Ende jedes Seminars auszufüllen und sich nicht von der Wiederholung dieses Ausfüllens beim nächsten Seminar abschrecken zu lassen. Danke auch für alle weiterführenden Gespräche und Erklärungen. Den ReferentInnen danken wir für die Zeit, die sie einerseits während ihrer Seminare geopfert haben, damit es möglich wurde, den Fragebogen zu erklären und auszufüllen zu lassen; und andererseits für das Engagement hinsichtlich der Interviews. Zahlreiche der Interviews entwickelten sich im Laufe des Gesprächs zu einem anregenden Gedankenaustausch, der in die weitere Koordination des Universitätslehrgangs einfließen konnte. Ohne diese Bereitschaft von Seiten der SeminarteilnehmerInnen als auch der ReferentInnen wäre die Evaluation nicht möglich gewesen.

3 Um Zehntel-Prozentpunkte zu vermeiden, werden die Daten gerundet. Bei 0,0-0,5 abgerundet, bei 0,6-0,9 aufgerundet. Daher kann es zu Rundungsfehlern in der Berechnung kommen.

4 Alle Prozentzahlen im Text werden gerundet. Somit kann es auf 100% umgelegt zu leichten Rundungsfehlern kommen.

5 Arbeitskreis deutscher Bildungsstätten e.V. (Hg.): *Die Demokratie braucht Politische Bildung. Stellungnahme des Arbeitskreises deutscher Bildungsstätten.* Otzenhausen 1995, S. 1

6 Klaus-Peter Hufer, Politische Bildung in der Erwachsenenbildung. in: Sander, S. 271

7 Ebenda, S. 274

3. Motivationen für die Teilnahme und Mitwirkung an Seminaren der Politischen Bildung

3.1 Ambitionen

Sich aufzuraffen, in der Freizeit einen Vortrag im Rahmen der Weiterbildung zu besuchen, ist keine Selbstverständlichkeit, sondern kann Mühe bedeuten. Die Zeit für ein Seminar, das der Weiterbildung dient und mehrere Tage dauert, ist noch schwieriger aufzubringen. Sich für einen gesamten Lehrgang zu entschließen, benötigt eine ganz besondere Motivation. Sich für eine Einzelveranstaltung zu entscheiden, ist etwas ganz Anderes als ein Ausbildungsprogramm, wo es – wie beim Universitätslehrgang Politische Bildung/*Master of Advanced Studies (Civic Education)* – notwendig ist, private Zeit zu opfern, quer durch Österreich zu reisen, sich immer wieder auf neue TeilnehmerInnen-Gruppen einzustellen und dann, wie es meist der Fall ist, das in der Arbeitswoche Versäumte einarbeiten zu müssen. Insofern spielt die persönliche Befindlichkeit in einem Fortbildungsseminar für alle Beteiligten eine wichtige Rolle.

Das gilt für die TeilnehmerInnen ebenso wie für die ReferentInnen.

Für das IFF – Politische Bildung als Lehrgangsorganisator ist es von besonderem Interesse zu erfahren, wer die Menschen sind, die diese Mühen auf sich nehmen und welche Motivationen und Erwartungen hinter ihren Ambitionen stecken. Im Fragebogen wurde eine Annäherung versucht, indem gefragt wurde, wie die TeilnehmerInnen das Seminar empfunden hatten. 45 Prozent[1] bestätigten, sich zufrieden gefühlt zu haben. 24 Prozent fühlten sich recht zufrieden und 11 Prozent eher zufrieden. In Summe ergibt das 80 Prozent zufriedene TeilnehmerInnen, während sieben Prozent sich im jeweils besuchten und bewerteten Seminar unzufrieden fühlten.

In Interviews mit den ReferentInnen zeigt sich ein äußerst ähnliches Bild, wobei durch verschiedene Wortwahl und Erklärungen keine exakten Prozentsätze angegeben werden können[2]: etwa 80 Prozent waren mit dem Seminar zufrieden und fühlten sich in der Folge selbst zufrieden.

Wichtiger dürfte sein, wie sehr man/frau selbst zu neuen Ideen inspiriert wird, wie sehr letztlich die eigene Kreativität durch ein Seminar gefördert wird, sodass man/frau wieder viel Freude im (schulischen) beruflichen Alltag hat. Zur Zufriedenheit gehört selbstverständlich die Freiheit, seine Kreativität benützen zu können und somit den Kurs selbstbestimmend zu beeinflussen. Daher die Frage nach der Unterstützung der Kreativität. Es ergab sich folgendes Ergebnis: 80 Prozent behaupteten, in der einen oder anderen Weise zu neuen Ideen inspiriert worden zu sein. Aufgeschlüsselt sieht das so aus: 28 Prozent fühlten sich sehr unterstützt, 23 Prozent überwiegend unterstützt und 22 Prozent eher unterstützt. 26 Prozent sahen sich eher wenig unterstützt bis an ihrer Kreativität gehindert. Eng verbunden mit Kreativität ist die Motivation zur Mitarbeit. Die Frage danach führte zu folgenden Zahlen: 79 Prozent (210 Personen) fühlten sich dazu motiviert, 20 Prozent klagten, eher von Mitarbeit abgehalten worden zu sein.

Kreativität kann als spielerischer Umgang mit Inhalten begriffen werden. Ob man/frau zusätzlich gefordert wird, ist eine andere Fragestellung. Es gibt die Vermutung, dass mit Einführung des MAS vor allem das Interesse nach Forderung und Förderung wachsen dürfte. Die Antworten bestätigen das: 63 Prozent fühlten sich gefordert, davon 42 Prozent eher stark gefordert. 19 Prozent sahen sich wenig gefordert, 18 Prozent kaum bis gar nicht.

3.2 Persönlicher Kontakt

Schließlich ist ein „gutes“ Seminar nicht vorstellbar ohne gelungene Betreuung. Solch eine Betreuung hat mit Inhalten, aber auch mit persönlichem Kontakt, und vor allem damit zu tun, ob und wie auf die einzelnen SeminarteilnehmerInnen geachtet wird. Das Ergebnis ist sehr erfreulich und bestätigt die soziale Kompetenz der Lehrenden in einem Lehrgang, wo dieses Thema eine wichtige Rolle spielt. 82 Prozent geben an, gut betreut worden zu sein, 33 Prozent davon sogar optimal. Nicht besonders gut betreut sahen sich 18 Prozent, wobei nur 3 Prozent davon sagen, sie seien vollkommen ungenügend betreut worden.

Abbildung 29: Betreuung durch die ReferentInnen der Seminare

Ich fühlte mich im Seminar:	*Häufigkeit*	*Prozent*	*Kumulierte Prozente*
optimal betreut	87	33,2	33,2
weitgehend optimal betreut	76	29,0	62,2
eher optimal betreut	53	20,2	82,4
eher ungenügend betreut	26	9,9	92,3
weitgehend ungenügend betreut	12	4,6	96,9
ungenügend betreut	8	3,1	100,0
Gesamt	262	100,0	

Aus Perspektive der TeilnehmerInnen wird ein Aspekt im Mittelpunkt stehen: man/frau will sich ernst genommen fühlen und nicht das Gefühl haben, eine Frage oder ein Kommentar wird belächelt oder übergangen. Die persönlichen Interessen am Themenbereich sollen in das Seminar aufgenommen werden und eine Rolle spielen. Insofern ist die Frage, ob man/frau sich im Seminar ernst genommen gefühlt hat oder nicht, ganz essentiell: Es sind 92 Prozent, die sich in dem Seminar „ernstgenommen fühlten". Ein Prozentsatz, der für die Behutsamkeit der ReferentInnen bei ihrer Arbeit spricht.

Das positive Ergebnis liegt einerseits zu einem hohen Maße an der Bereitschaft der ReferentInnen, sich auf Fragen und Bemerkungen einzulassen, ein offenes Ohr für persönliche Anliegen zu haben und Pausen zu opfern, um weitere Fragen zu beantworten, Tipps zu geben und sich intensiver in eine persönliche Fragestellung hineinzuversetzen.

Gleichzeitig spielt aber der Kontakt unter den TeilnehmerInnen und vor allem der Umgang miteinander eine große Rolle. Sich ernst genommen zu fühlen, hat sehr viel damit zu tun, wie jene Gruppe, zu der ich gehöre, auf meine Bemerkungen reagiert. Ob mir der Raum gegeben wird, eine Frage zu stellen, die in Details gehen, welche nur für mich interessant sind.

Das Klima in den Seminaren ist, das betonen die TeilnehmerInnen nicht nur, sondern es wird bereits beim Betreten der Räumlichkeiten offensichtlich, sehr angenehm. Es kommt selten vor, dass Kopfschütteln die Folge einer Bemerkung ist. Das Gegenteil gilt: die TeilnehmerInnen ermuntern einander!

Abbildung 30: Betreuung durch die ReferentInnen der Seminare

Ich fühlte mich im Seminar:	*Häufigkeit*	*Prozent*	*Kumulierte Prozente*
ernst genommen	149	56,0	56,0
weitgehend ernst genommen	61	22,9	74,3
eher ernst genommen	34	12,8	86,2
eher übergangen	9	3,4	91,8
weitgehend übergangen	9	3,4	97,0
übergangen	4	1,5	100,0
Gesamt	266	100,0	

Daher besteht ein Zusammengehörigkeitsgefühl, obwohl man/frau einander nur selten trifft. Der Verdienst dafür gebührt primär den TeilnehmerInnen selbst, indem sie einen Umgang miteinander entwickelt haben, der NeueinsteigerInnen sofort integriert. Die Aussage eines Referenten beschreibt das: „Erst im Laufe der Woche erfuhr ich, dass ein Teil einander bereits gekannt hatte. Doch wer die Neuen waren, wurde nie offensichtlich."

Der freundschaftliche Umgang, die liebevolle Integration jener, die gerne ein wenig außerhalb stehen, macht es NeueinsteigerInnen leicht. Die ReferentInnen reagieren – mit Ausnahme jener wenigen, welche die gute Stimmung gerne zu ihrem eigenen Erfolg machen – voller Respekt. Die ReferentInnen wiesen zugleich darauf hin, dass dieser Punkt einer der großen Unterschiede zu anderen Universitätsseminaren darstellt.

3.3 Die TeilnehmerInnen als MultiplikatorInnen

Die TeilnehmerInnen des Lehrgangs sehen sich selbst als Minderheit. Das stimmt mit dem Faktum überein, dass von Personen, die sich in Politischer Bildung fortbilden, als einer Elite gesprochen wird. Tatsächlich ist der Eindruck der Minderheit richtig, wie der Vergleich mit der aktuellen LehrerInnenzahl in Österreich zeigt. Insgesamt gibt es 122.556 LehrerInnen. Davon sind 80.442 Frauen und nur 42.114 Männer[3]. Im Universitätslehrgang hingegen ist das Verhältnis ausgeglichen, doch relativ gesehen besuchen ungleich mehr Männer den Lehrgang Politische Bildung. Der Zahlenvergleich zeigt weiters, dass nur 0,1-0,2 Prozent aller LehrerInnen den

Universitätslehrgang besuchen. Umgerechnet auf jene Personen, die den früheren Hochschullehrgang absolviert haben, kommen wir auf etwa 1-2 Prozent. Von einem (dichten) „Netz“ kann nicht die Rede sein. Der immer wieder geäußerte Wunsch der TeilnehmerInnen, dass es eines Tages an jeder Schule eineN AbsolventIn des Lehrgangs Politische Bildung geben möge, ist selbstverständlich unerfüllbar; abgesehen von etwaigem Desinteresse haben nicht alle InteressentInnen Gelegenheit, einen Universitätslehrgang Politische Bildung/*MAS (Civic Education)* zu besuchen. Viele erfahren in ihren Schulen nicht einmal vom bestehenden Programm. Dennoch besteht der Reiz, in diese Richtung zu arbeiten und darüberhinaus durch die Teilnahme von Nicht-LehrerInnen den „Gießkanneneffekt“ noch zu vergrößern.

Dasselbe Engagement zeigen die BildnerInnen der Politischen Bildung.

Die aktiven TeilnehmerInnen wissen, dass sie und ihre VorgängerInnen im Lehrgang trotz des bisher kleinen Prozentsatzes als MultiplikatorInnen sehr viel zu bewegen imstande sind. Dieses Wissen führt zu einem gewissen Elitedenken im Universitätslehrgang, das sich in Sätzen äußert wie: „Es wird zuwenig gewusst“. Nicht: „wir wissen zuwenig“, sondern: „es wird zuwenig gewusst“ .

Die TeilnehmerInnen sind sich dessen bewusst, dass sie einerseits viel leisten, und andererseits mehr wissen als viele andere. „Wissen als Kapital“, lautet ein Schlagwort, wie es allein im letzten Studienjahr mindestens bei drei Seminaren als Ergebnis von Arbeitsgruppen auf Flipcharts zu lesen war. Die TeilnehmerInnen möchten sich Wissen erarbeiten und dieses weitergeben. Die Weitergabe soll aber weder auf ihre SchülerInnen beschränkt sein, noch auf sie selbst als Weitergebende. Ein Anliegen ist, dass Politische Bildung generell zum Thema wird, und möglichst viele Menschen erreicht und thematisch angesprochen werden können. Der Umstand, dass bei vielen Gelegenheiten nachgefragt wird, welchen Stellenwert im BMBWK die Politische Bildung einnimmt, zeigt das ebenfalls.

Für die These der TeilnehmerInnen des Universitätslehrgangs Politische Bildung als Wissenselite sprechen die Antworten zum Informationsverhalten (siehe Kapitel vier).

Wenn Staaten das Interesse haben, ihre Jugendlichen zu verantwortungsvollen Staatsangehörigen zu machen, dann trifft diese Aufgabe – zumindest offiziell – insbesondere LehrerInnen und jene Menschen, die anderweitig mit der (Aus-)Bildung von Jugendlichen beauftragt sind. Die TeilnehmerInnen, ob JournalistIn, BehindertenbetreuerIn, Kriminalbeamte/in oder PolitikerIn, sind MultiplikatorInnen von Politischer Bildung.

Man/frau ist sich seiner Rolle als solch ein/e MultiplikatorIn von Wissen und Erfahrungen sehr wohl bewusst. In Gesprächen und einer „offenen“ Frage des Fragebogens kam diese Einstellung zum Vorschein. Schließlich ist das ein Grund, warum der Lehrgang absolviert wird: nicht nur um selbst mehr Wissen zum Themenkomplex Politische Bildung zu erlangen, sondern insbesondere, um dieses weitergeben zu können. Die gesellschaftspolitische Dimension ist in diesem Bereich groß: sich bilden, um bilden zu können, auf dass sich die Gesellschaft ein wenig verändert. Hinzu kommt eine intensivere Beschäftigung mit Politik durch die österreichische Bevölkerung, nach dem kontroversiellen Regierungswechsel von einer SPÖ/ÖVP-Koalition zu einer ÖVP/FPÖ-Koalition im Jahr 2000. LehrerInnen erzählten, dass ihre SchülerInnen nun intensiver – oder jetzt zum ersten Mal – nach politischer Aufklärung, nach Politischer Bildung verlangen und nachfragen. Der Druck, antworten zu müssen und aufzuklären, steigt. Das ergibt ein weiteres Motiv für Seminare zur Politischen Bildung.

3.4 Änderungen in der Didaktik

Generell hat sich die Motivation der TeilnehmerInnen im Laufe der Jahre und auch mit den Persönlichkeiten der TeilnehmerInnen verändert. Das zeigen einige Antworten auf den Satz: „Das Seminar ließ viel Platz für praktische Übungen“. 38 Prozent stimmten zu, fast ebenso viele Personen, nämlich 37 Prozent, behaupteten das Gegenteil, während 26 Prozent unentschieden waren. Beim Vergleich der Seminare stellt sich heraus, dass das Ergebnis entstand, weil es äußerst verschiedene Meinungen gab, die einander ausglichen.

Abbildung 31: Platz für praktische Übungen im Seminar

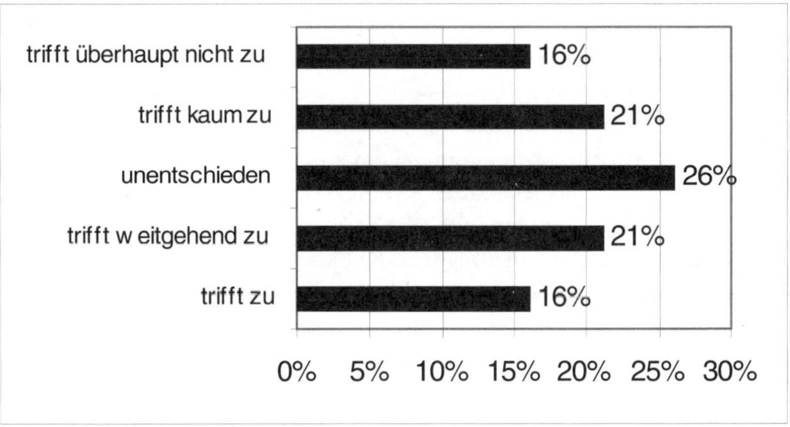

Deutlicher wird der Motivations- und Persönlichkeitswandel aufgrund der Interviews mit den ReferentInnen und der Zwischenrufe aus den Seminaren, wie „wir haben in den letzten Jahren genug Rollenspiele gemacht. Wir brauchen Fakten." Hier öffnet sich ein Spalt, der an zwei Unterschieden festgemacht werden kann. Der eine Unterschied ist, ob der Abschluss des MAS angestrebt wird oder nicht, der zweite Unterschied bezieht sich laut ReferentInnen auf neuere TeilnehmerInnen und jene, die seit vielen Jahren im Lehrgang sind. Beide Gruppen sind zahlenmäßig stark vertreten: Das MAS-Programm motiviert LehrerInnen, die den früheren Hochschullehrgang vor vielen Jahren teilweise besucht oder abgeschlossen haben, wiedereinzusteigen und den Titel eines MAS zu erreichen.

Diese TeilnehmerInnen aber haben als Veranstaltungsmodell noch den „alten Lehrgang", wie sie ihn nennen, im Kopf. Didaktik und Inhalte werden daher ähnlich jenem Stil erwartet, der in den 70er und 80er Jahren üblich gewesen war. Durch neue Seminare und Änderungen in den schon länger bestehenden Seminaren, ist diese Erwartung nicht erfüllbar. Die NeueinsteigerInnen hingegen haben andere Erwartungen. In den Fragebögen werden diese mit „Fakten" oder „weniger oder straffer organisierte Arbeitsgruppen" umschrieben. Die Erwartungsdifferenz muss zu manchem Ungleichgewicht führen. Interessant ist jedoch, dass sowohl in Gesprächen als auch im Fragebogen entsprechende Bezüge im Zeitverlauf seltener werden. Haben sich die ehemaligen AbsolventInnen umgestellt, oder haben die ReferentInnen immer mehr auf diese Zwiespalte reagiert?

Die Sehnsucht nach wissenschaftlichen Details und insofern auch nach vermehrten Frontalvorträgen mit anschließenden Diskussionen statt Rollenspielen wirft Konzept und Erfahrungen aus dem „alten" Lehrgang unweigerlich durcheinander. Heute, da zunehmend Nicht-LehrerInnen und solche LehrerInnen in den Seminaren sitzen, die einen Großteil nicht direkt in den Unterricht übernehmen können, etwa weil sie als VolksschullehrerInnen tätig sind, ist das Bedürfnis nach Klärung der Umsetzung von Inhalten im beruflichen Alltag differenzierter. Gleichzeitig steigt das Interesse an wissenschaftlichen Vorträgen, sowie an der Frage nach weiterführender Literatur.

Für jene, die den früheren Hochschullehrgang gewöhnt waren, und ihn abzuschließen gedenken, jedoch kein Interesse am MAS haben, ist diese Änderung, wie beschrieben, nicht immer nachvollziehbar und auch nicht befriedigend. In den Seminaren zeigt sich das an internen Diskussionen beziehungsweise am Einfordern verstärkter Behandlung eines der beiden Extreme. Die ReferentInnen stehen dem Phänomen teilweise mit gemischten Gefühlen gegenüber. Jene, die seit geraumer Zeit im Lehrgang mitarbeiten, sind mit dem alten System vertraut, und sehen/sahen viele Vorteile und positive Aspekte darin. Die Umstellung fällt nicht immer leicht.

Das erste Jahr hat gezeigt, dass all die schriftlichen Informationen sowie Treffen und Besprechungen im Vorfeld der einzelnen Seminare zwar auf eine neue Situation vorbereitet haben, allerdings nicht in dem Maße, wie von Seiten der Koordination erhofft wurde. Die Überraschung kam in manchem Seminar vor Ort, wenn plötzlich ein leicht verändertes Publikum im Raum saß, das neue Vorstellungen und Forderungen hatte. Die ersten Seminare hatten daher eine gewisse Verunsicherung zufolge, die nach mehr Aufklärung auf beiden Seiten verlangte.

Überraschend war die Geschwindigkeit, in der diese in der Folge wich. Nach einem Jahr schienen sich die TeilnehmerInnen nicht nur in das neue System eingefunden zu haben, sondern auch die wissenschaftlichen Vorteile bereitwillig und dankbar angenommen zu haben. Dasselbe trifft auf einen Großteil der ReferentInnen zu, wenngleich in den Interviews deutlich stärker von vergangenen Seminaren „geschwärmt" wird. Einige wenige ReferentInnen haben die Gelegenheit genutzt, um aus dem Lehrgang auszusteigen.

Der Umstieg von einem Publikum, das lange Zeit nur aus LehrerInnen bestanden hat, zu einer gemischten Gruppe ist für die ReferentInnen nicht leicht gewesen. Das Programm in den Seminaren war zu sehr für Lehrer-

Innen angepaßt gewesen. Gleichzeitig war das ein Punkt, der von den ReferentInnen in der Selbstkritik erkannt wurde, sodass die Seminare umgearbeitet werden, wo das nötig ist. Auch vor Ort wurden Änderungen vorgenommen, aber diese sehr rasche Reaktion war nicht in jedem Fall durchgängig.

Gleichzeitig sind die Kriterien an das, wie ein erfolgreich laufendes Seminar aussehen soll, gestiegen. Die Vorstellungen sind klarer geworden.

3.5 Ein Titel und die Freude an Fortbildung

Eine Frage, die sich wiederholt stellt, ist jene nach der Verwertbarkeit des *Masters of Advanced Studies.* Das Erreichen eines ersten Titels/eines weiteren Titels, wie das bei Postgraduate-Studien in der Regel der Fall ist, spielt eine Rolle und lässt sich in einem Curriculum anführen, bedeutet aber nicht unbedingt einen konkreten beruflichen Vorteil. Dieser, so ist resignierend zu hören, ist eher von anderen Faktoren abhängig als von einer Zusatzqualifikation. Doch wenigstens werde es schwieriger sein, mit dieser Zusatzqualifikation übergangen zu werden. Als Hauptgrund für den Seminarbesuch nennen die TeilnehmerInnen: „Persönliche Freude an Fortbildung und am Universitätslehrgang" .

Was aber konkret ist es, das die TeilnehmerInnen bewegt, zu den Seminaren zu fahren?

Das herauszufinden, wurden mehrere Antwortmöglichkeit abgefragt, wobei die TeilnehmerInnen je fünf Antwortmöglichkeiten hatten, von „trifft zu" bis „trifft überhaupt nicht zu". 94 Prozent (251 Personen) gaben an, dass ihr Interesse für Politik ein Grund gewesen sei, das Seminar zu besuchen. 5 Prozent waren diesbezüglich unentschieden. Auch die Frage nach der generellen Freude an Fortbildung als Beweggrund zum Absolvieren des Seminars, erhielt über 90 Prozent zustimmende Antworten. Das Interesse am Themenbereich Politische Bildung schneidet dementsprechend ähnlich ab: 70 Prozent sagen, es trifft zu, weitere 21 Prozent, dass es teilweise zutrifft.

Der Wunsch, die tagespolitischen Geschehnisse besser zu verstehen, bewog ebenfalls 82 Prozent zum Absolvieren eines Seminars. Noch immer drei Viertel aller TeilnehmerInnen (77 Prozent) ließen sich vom Interesse an dem, wie Politische Bildung weitergegeben werden kann, zum Seminarbesuch leiten. 16 Prozent waren hier unentschlossen. Für sieben Prozent traf das nicht zu. Der Grund für den etwas niedrigeren Prozentsatz liegt an den Personen, die entweder nicht den Beruf des/der Lehrers/in haben, oder an jenen, die ein Fach unterrichten, das zumindest auf den ersten Blick weniger Nähe mit Politischer Bildung aufweist. Zu berücksichtigen sind auch VolksschullehrerInnen, die den Lehrgang vor allem aus persönlichem Interesse machen, da es zuwenig direkte Umsetzungsmöglichkeiten für sie gibt. Daher meinten nur 66 Prozent, dass der eigene Beruf dazu bewogen habe, das Seminar zu besuchen.

Abbildung 32: Das Interesse, wie Politische Bildung weitergegeben werden kann

Das Interesse, wie sich Politische Bildung am besten weitergeben lässt, hat mich bewogen, das Seminar zu besuchen:	*Häufigkeit*	*Prozent*	*Kumulierte Prozente*
trifft zu	130	49,4	49,4
trifft weitgehend zu	72	27,4	76,8
unentschieden	43	16,3	93,2
trifft kaum zu	7	2,7	95,8
trifft überhaupt nicht zu	11	4,2	100,0
Gesamt	263	100,0	

Ganz anders hingegen die Pflicht zur Fortbildung, ein Motiv, das für LehrerInnen bestehen kann: Zwölf Prozent gaben das als Beweggrund an, 16 Prozent waren unentschieden, 83 Prozent sprachen vom Gegenteil. Zeitpunkt und Ort des Seminars spielen in den Überlegungen für/wider die Teilnahme offenbar eine geringe Rolle: Die Hälfte (50 Prozent) sieht den günstigen Zeitpunkt als Grund an – aber nur 23 Prozent entscheiden ortsbezogen. Gespräche bestätigen das: Das „Herumfahren" wird als Abwechslung betrachtet. Reisen von bis zu neun Stunden werden in Kauf genommen. Allerdings befinden sich die Bildungshäuser bzw. Seminarorte in ganz Österreich, sodass die „Reisestrapazen" stets unterschiedlich sind. Infolge der allgemein gestiegenen Nachfrage können TeilnehmerInnen oft nicht ihr Wunschseminar besuchen, d.h. manche Seminare werden aufgrund freier Plätze besucht. Im Befragungszeitraum traf das in elf Prozent der Fälle zu, doch ist eine Häufung zu erwarten.

Empfehlungen durch andere Personen/TeilnehmerInnen werden ebenfalls nur selten als Grund genannt, ein Seminar zu besuchen. 17 Prozent bejahten ein solches Motiv, während das für 65 Prozent überhaupt nicht zutrifft. Allerdings ist für genau ein Viertel die Motivation durch den Umstand beeinflusst, ob es sich um ein Pflichtseminar für den Lehrgang handelt oder nicht.

3.6 Thematische Inhalte

Hinsichtlich der Inhalte von Seminaren, ergeben sich folgende Erkenntnisse: Für die ReferentInnen ist die Heterogenität des Zielpublikums eine große Herausforderung. Einerseits aufgrund unterschiedlichster Ausbildungen und Berufssituationen, andererseits aufgrund verschiedener Interessen, und nicht zuletzt dadurch, dass die Seminare in flexibler Reihenfolge absolviert werden können und AnfängerInnen neben den „Althasen", wie sie sich sehr oft selbst nennen, sitzen, entstehen keine einheitlichen Seminargruppen. Es ist demnach für die ReferentInnen unmöglich, etwas zu lehren, das für alle TeilnehmerInnen völlig neu ist. Ebensowenig gibt es aber ein gemeinsames Basiswissen, auf dem als Grundvoraussetzung aufgebaut werden könnte.

Die tagespolitische Aktualität gewinnt hier nochmals Relevanz.

Wichtiger aber als der Umstand, ob etwas „neu" ist oder nicht, ist, ob die Inhalte von den TeilnehmerInnen als realitätsnah empfunden werden. Steht das Gehörte in Bezug mit der sogenannten Wirklichkeit, nämlich mit der jeweils persönlichen Wirklichkeit, und wie wird es in Beziehung zu anderen Themen und Informationen gesetzt? 18 Prozent der Inhalte werden in gewisser Weise als realitätsfern betrachtet, wobei stark nach den Lehrgangsbereichen Geschichte, Politik und Soziale Kompetenz unterschieden wird. Es ist vor allem der Bereich Geschichte und Gesellschaft, dem besonders vertraut wird und vor allem der politikwissenschaftliche Bereich, dem große Realitätsnähe zugewiesen wird. Eine Erklärung ist, dass hier Daten und Aussagen an der Wirklichkeit überprüfbar und sehr oft „objektivierbar" sind, während sich der dritte Bereich, die Soziale Kompetenz, weniger mit messbaren Größen beschäftigt.

Abbildung 33: Einschätzung der Realitätsnähe der Seminare

Die Inhalte dieses Seminars waren:	*Häufigkeit*	*Prozent*	*Kumulierte Prozente*
zu realitätsfern	11	4,2	4,2
weitgehend realitätsfern	13	4,9	9,1
eher realitätsfern	24	9,1	18,1
eher realitätsnah	47	17,7	35,8
weitgehend realitätsnah	77	29,1	64,9
realitätsnah	93	35,1	100,0
Gesamt	265	100,0	

3.7 Sensibilisierung

Der Idealfall eines gelungenen Seminars ist, dass die TeilnehmerInnen anschließend ein (noch) größeres Interesse für die Thematik zeigen und den Wunsch haben, sich bei anderer Gelegenheit wieder mit den besprochenen Themen auseinanderzusetzen. Insofern stellt sich im Evaluationsprojekt die Frage nach der Interessensverschiebung durch das Seminar: „Könnte ich mir vorstellen, ein auf diesem Seminar aufbauendes weiteres Seminar zu besuchen?"

85 Prozent aller TeilnehmerInnern bejahten die Fragestellung.

Im Durchschnitt 90 Prozent würden an besuchten Seminaren nochmals teilnehmen.

Generell stimmen diese Antworten mit dem großen Wunsch zahlreicher ReferentInnen nach Sensibilisierung überein. Das Anliegen der Seminarleitungen, eine Sensibilisierung für das Thema und/oder den eigenen Ansatz zu erreichen, wird von fast allen als einer der Hauptgründe für die eigene Mitarbeit angegeben.

Ein Referent im Interview: „Eine Sensibilisierung, den gesellschaftlichen Prozeß besser einschätzen zu können. Und dann durchaus den eigenen Prozess. Das gelingt natürlich nur phasenweise, dass eigene Bewertungen ein Stück weit hinterfragt und mit anderem auch konfrontiert werden; sei es mit anderen TeilnehmerInnen, Meinungen oder an Dingen, die auch von uns teilweise ganz bewusst eingebracht werden."

Das Zitat beweist gleichermaßen großes Engagement und Idealismus der ReferentInnen.

Die Sensibilisierung für ein bestimmtes Thema ist mit gesellschaftspolitischem Engagement verbunden. In den Interviews wurde jedoch

Wert darauf gelegt, dass das Engagement nicht als Einmischung, als Doktrinieren missverstanden würde. Sensibilisierung zu erreichen heißt, dem anderen zu einer Fähigkeit zu verhelfen, die Dinge sichtbar macht, die „kleine Schritte und Themen" bemerkt. Der brasilianische Theaterpädagoge Paolo Freire versuchte in seiner politischen Theaterarbeit in Lateinamerika, die einen Prototyp der Politischen Bildung darstellte, den Menschen zu lehren, dass wesentliche Informationen in Zeitungen zwischen den Zeilen stehen; dass Bedeutsames im Gespräch mit PolitikerInnen, Meinungsträgern und Mächtigen in den Gesprächspausen, auch hier „zwischen den Zeilen", mitgeteilt wird. Darauf zu achten, es rechtzeitig zu bemerken und entsprechend zu reagieren, kann über eine Situation bestimmen.

Eine ähnliche Art der Sensibilisierung, nicht auf Zeitungen oder andere Medien beschränkt, ist es, in Seminaren der Politischen Bildung Zusammenhänge allgemein erkennbar zu machen. Ein Indikator dafür ist, ob die Inhalte des Seminars das Interesse erhöht haben: 89 Prozent geben an, dass durch das jeweilige Seminar das Interesse am Thema erhöht worden ist, (43 Prozent davon teilweise). Für 9 Prozent hat sich das Interesse ein wenig verringert, für 4 Prozent grundlegend verringert. Insofern lässt sich sagen, dass die Sensibilisierung erfolgreich war – vorausgesetzt, dass diese momentane Einschätzung anhält, wenn das Seminar längst zu Ende ist. Motivation auf beiden Seiten ist die Vervielfachung von Interesse für Politische Bildung, vor allem Bewusstsein für diese.

3.8 Lerneffekte

Der Aufwand, der geleistet werden muss, um die Seminare zu besuchen, setzt natürlich ein Interesse voraus, aber auch die Erwartung, möglichst viel davon profitieren zu können, möglichst viel an neuem Wissen (oder verbessertem, genauerem Wissen) mitnehmen zu können. Die Frage nach dem „Profit" eines Seminars ist daher naturgegeben wichtig. Insgesamt 83 Prozent sagen, dass sie relativ stark oder stark profitiert haben. Dem stehen 16 Prozent mit gegenteiliger Meinung gegenüber, doch nur 3 Prozent, die glauben, gar nicht profitiert zu haben.

Abbildung 34: Lernerfolge

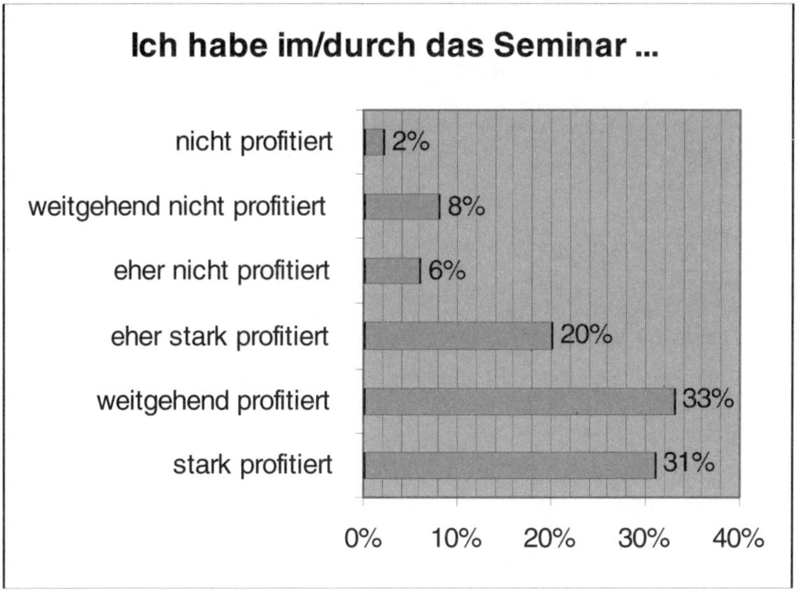

Die Umsetzung, das „Verstanden-Haben", gehört ebenfalls in diese Kategorie; 94 Prozent sagen, dass sie alles oder fast alles im Seminar verstanden hätten. Die pädagogischen Fähigkeiten der Vortragenden werden dadurch indirekt gelobt. Nur eine einzige Person meinte, in einem Seminar nichts verstanden zu haben. Gleichzeitig spielt es ein große Rolle, wie die TeilnehmerInnen reagieren, wenn sie etwas nicht verstehen, oder eine tiefergehende Frage haben. In der Beobachtung der Seminare und aus den Interviews mit den ReferentInnen wird deutlich, dass hier sehr rasch nachgefragt wird, sodass die BesucherInnen der Seminare selbst sehr schnell Defizite erkennen, und vor allem reagieren, wenn ihnen im Seminar etwas fehlt. Nur dann können die ReferentInnen das ihrerseits berücksichtigen. Diese prompte Berücksichtigung dürfte damit zu tun haben, dass die Motivation der ReferentInnen wie erwähnt hoch ist. Wie sehr die Motivation „weiterzumachen" in den einzelnen Seminaren beeinflusst und gestärkt wird, hat auf den Lehrgangsverlauf und letztendlich auf den Erfolg des gesamten Unterrichtslehrgangs Einfluß. Bloß 3 Prozent kreuzten an, sie hätten die Motivation verloren, wobei zusätzlich 15 Prozent sie teilweise verloren zu haben scheinen. An die 82 Prozent finden, dass ihre Motivation durch die Seminare eher gestärkt worden ist. Bei einigen Seminaren lag die Quote an die 100 Prozent.

Abbildung 35: Motivation nach den Seminaren

Ich habe im/durch das Seminar:	*Häufigkeit*	*Prozent*	*Kumulierte Prozente*
meine Motivation verloren	8	3,0	3,0
meine Motivation weitgehend verloren	16	6,0	9,0
meine Motivation eher verloren	24	9,0	17,9
meine Motivation eher gestärkt	41	15,3	33,2
meine Motivation weitgehend gestärkt	72	26,9	60,1
meine Motivation gestärkt	107	39,9	100,0
Gesamt	268	100,0	

Die gleiche Frage nach der Motivation wurde den ReferentInnen gestellt. Die meisten Befragungspersonen meinten, ihre Motivation werde bei den Seminaren immer wieder gestärkt, wobei die Freude am Mitmachen im Unterrichtslehrgang bereits groß ist. Die Hauptmotivation am Ende eines Seminars ist vor allem, in eine bestimmte Richtung weiter zu arbeiten bzw. Änderungen vorzunehmen. Daher setzt die Planung des nächsten Seminars bereits bei der Nachbereitung des letzten Seminars an.

An dieser Stelle ergänzend eine weitere Bemerkung zum Ablauf der Interviews: Während die Formulierungen im Fragebogen und Interview-Leitfaden sehr ähnlich waren/sind, um Vergleichsmöglichkeiten aus beiden Perspektiven zu haben, ist die Reihenfolge der Fragen für Lehrende zum Teil unterschiedlich gewesen. Das lag vor allem an einer Freiheit der InterviewpartnerInnen, das Gespräch selbst zu bestimmen und manche Aspekte im Zuge einer Ausführung auch vorwegzunehmen. So begannen die Interviews mit statistischen Angaben und dem Erzählen, wie die betreffenden Person/der/die InterviewpartnerIn zur Politischen Bildung und insbesondere zum Lehrgang gekommen ist, seit wann sie/er dabei ist und bei welchen vergleichbaren Seminaren und Veranstaltungen er/sie ansonsten lehrt.

Die Motivationsfrage stellt sich bei den ReferentInnen dennoch auf andere Art als bei den LehrgangsteilnehmerInnen. Sie können den Seminar-Ort zumindest beeinflussen, das Datum bestimmen und selbstverständlich die Personen, mit denen sie im Team arbeiten möchten, benennen.

Eine Kritik, die von beiden Seiten immer wieder kam – und berechtigt ist – ist der Umstand, dass es im ersten Jahr des MAS kein Seminar zu wissenschaftlichen Arbeitsmethoden gegeben hat. Es wurde zwar eine Broschüre der Universität Salzburg aufgelegt und in jedem Seminar erklärt, was zu beachten ist, doch eine entsprechende Veranstaltung fehlte. Aufgrund mehrfacher Bitten wurde dieses Defizit inzwischen ausgeglichen.

Die Motivation, sich in Politischer Bildung weiterzubilden, wirft natürlich die Frage auf, was Politische Bildung sei, und welchen Politik-Begriff man/frau anwendet. Fest steht, dass es sich bei letzterem um einen sehr breiten Begriff handelt, der viele Handlungen und Denkarten miteinschließt. Zitat eines Referenten: „ein soziales Engagement in einer breiteren Sicht!"

3.9 Austausch

Die Motivation unter den ReferentInnen ist aber letztlich im Vergleich zu jener der TeilnehmerInnen recht ähnlich. Die Verbreitung von Wissen und Aufklärung zu Politischer Bildung mit einem anschließenden „Gießkannenprinzip" werden am häufigsten genannt.

Aber auch die Freude an dieser Art der Wissensvermittlung, wie sie in einer Blockveranstaltung innerhalb eines Lehrgangs abläuft, regt zum Mitmachen an, zumal es eine Ausnahmesituation gegenüber dem Alltag darstellt.

So räumten nahezu alle ReferentInnen ein, in den Seminaren auch selbst etwas zu lernen. Denn der persönliche Kontakt, der in einem einwöchigen, geblockten Seminar entsteht, ist naturgemäß von anderer Qualität als ein wöchentlich stattfindendes zweistündiges Seminar, in dem man/frau sich nie thematisch so nahe kommen kann, weil man/frau die Möglichkeit hat, sich zu entziehen und meist nicht nur das: Eine sehr persönliche Herangehensweise kann im Zuge einer Lehrveranstaltung an der Universität durchaus missverstanden werden und/oder unbefriedigend sein. Hinzu kommt, dass die Diskussionen, die sich abends im gemütlichen Beisammensein fortsetzen, oft die eigentlich zwiespältigen und komplizierten Bereiche zutage fördern, und damit auch die ReferentInnen anders fordern, als das im universitären Alltag üblich ist.

In der Beobachtung der Seminare lässt sich – ebenso wie aus Gesprächen – erfahren, dass LehrerInnen viel Freude am Austausch untereinander haben. Dabei geht es nicht nur um den Austausch mit KollegInnen desselben Faches in einer anderen Schule oder einem anderen Bundesland, sondern auch in einem anderen Schultyp, weil sich dadurch zeigt, dass es in anderen Bereichen entweder ganz ähnliche Probleme oder aber ganz andere Problemstellungen gibt.

Mit der zunehmenden Teilnahme von Nicht-LehrerInnen bzw. von VolksschullehrerInnen verschiebt sich selbstverständlich die Möglichkeit, das Gelernte und Gehörte direkt im beruflichen Alltag einzusetzen (siehe oben). Das relativiert die zunächst sehr gering erscheinende Prozentzahl von lediglich 64 Prozent der Befragten, dass die Inhalte des jeweiligen Seminars für ihren beruflichen Alltag nützlich seien. 22 Prozent sind sich dessen nicht sicher, 14 Prozent sagen nein.

3.10 Wissenschaftliches Arbeiten

Mit dem Wunsch nach mehr wissenschaftlichen Informationen und Literaturhinweisen steigt das Interesse an weiterführenden Materialien, die man/frau beim Seminar erhält. Üblich ist, dass es Broschüren, die teilweise vom Bildungsministerium zur Verfügung gestellt werden, und andere Informationen, sowie ein Skriptum oder Buch gibt. Je nach Vortragenden kommen weitere Publikationen und Kopien hinzu. Aussagen der ReferentInnen deuten darauf hin, dass die Unterlagen während des Seminars zwar insofern von Bedeutung sind, als man/frau möglichst viel an Material mit nach Hause nehmen möchte, dass aber während der geblockten Veranstaltung kaum Zeit bleibt, die Literatur tiefergehend heranzuziehen.

Eine neue Bedeutung erhalten die Unterlagen in Bezug auf die Seminararbeiten, welche mit dem MAS eingeführt wurden. Während es vorher üblich gewesen war, eine Art „Erlebnisbericht“ über ein konkretes Projekt aus der Praxis zu verfassen (wenn möglich angereichert mit Skizzen, Plakaten, Photomaterial etc.), wird nun eine Seminararbeit verlangt, die wissenschaftlichen Kriterien standhalten muss. Für viele TeilnehmerInnen bedeutet das einen Schritt in die Vergangenheit, weil die letzten Seminararbeiten während des Studiums geschrieben worden waren – was aufgrund der Altersstruktur im Lehrgang einen Zeitraum von etlichen Jahren bedeuten kann (siehe dazu das Einleitungskapitel und die Daten zur TeilnehmerInnnenstruktur).

Andere TeilnehmerInnen haben nie eine Universitätsseminararbeit geschrieben und stehen vor einer völlig neuen Aufgabe. Gerade für Lehrende dürfte diese Situation – eigenen Angaben zufolge – besonders ungewohnt bis unangenehm sein, da sie es ja normalerweise sind, die Noten verteilen, die angeben, wie und was gearbeitet werden soll. Der Schritt hin zur Verwandlung in eine Person, deren Leistung beurteilt wird, statt dass sie selbst in der Position der/des Beurteilten wäre, ist gewiss nicht einfach.

Die Motivation, den MAS zu machen, relativiert sich angesichts des Aufwandes und der Kriterien. Während 72 Prozent angeben, den MAS anzustreben, ist der Rücklauf an Seminararbeiten an die Seminarleitungen deutlich geringer. Die ReferentInnen sprechen nahezu einheitlich davon, dass die Arbeiten eher „eintröpfeln" als regelmäßig eingereicht werden, und dass der im Seminar vereinbarte Zeitrahmen für die Fertigstellung der Arbeiten deutlich überschritten wird. Da fast alle TeilnehmerInnen berufstätig sind, ist diese Verzögerung leicht zu verstehen. Mit zunehmendem Studienjahr und dem dabei entstehenden Arbeitsaufwand entspricht es den Erwartungen der ReferentInnen, dass schlussendlich ein wesentlich geringerer Teil (unter 50 Prozent) den MAS absolvieren wird.

Abbildung 36: Motivation, einen akademischen Abschluss zu erhalten

Das Interesse, den gesamten Lehrgang zu besuchen und einen akademischen Abschluss zu erhalten, hat mich bewogen:	*Häufigkeit*	*Prozent*	*Kumulierte Prozente*
trifft zu	151	57,4	57,4
trifft weitgehend zu	37	14,1	71,5
unentschieden	34	12,9	84,4
trifft kaum zu	14	5,3	89,7
trifft überhaupt nicht zu	27	10,3	100,0
Gesamt	263	100,0	

3.11 Schlussbemerkung

Kurzgefasst könnte die Motivation der TeilnehmerInnen folgendermaßen beschrieben werden:

- sie möchten gefordert werden
- es interessiert sie der Austausch mit anderen Menschen
- sie möchten Themen diskutieren
- ein kleiner Teil möchte Handlungsanleitungen bekommen, einerseits zur Umsetzung in der Praxis und andererseits im Umgang mit extremen politischen Strömungen
- es besteht Freude an Fortbildung im Allgemeinen
- und schließlich ist der neu eingeführte MAS ein großes Motivationsmoment.

Für die ReferentInnen können als Motivationsmerkmale zusammengefasst werden:

- sie freut der Austausch mit Nicht-StudentInnen
- sie interessiert die Möglichkeit die eigenen Themen aus der Universität und somit dem gewohnten Raum hinauszutragen
- und nicht zuletzt stellt der Universitätslehrgang durchaus für den Großteil eine liebgewordene Gewohnheit dar.

Auf beiden Seiten wird sichtbar, dass die Motive sehr persönlicher Art sind. Geradezu idealistisch – und vielleicht daher besonders leicht zu verletzen, sowie besonders schön zu unterstützen.

Anmerkungen:

1 Um Zehntel-Prozentpunkte zu vermeiden, werden die Daten gerundet. Bei 0,0-0,5 abgerundet, bei 0,6-0,9 aufgerundet. Daher kann es zu sogenannten Rundungsfehlern in der Berechnung kommen.

2 Zu jedem Seminar wurden 2-3 und einmal auch 4 Interviews geführt, was eine Gesamtzahl von 22 Gesprächen ergab. Da die Interviews zwar einem Rahmen folgten, dieser aber von den InterviewpartnerInnen selbst stark beeinflusst werden konnte, um tatsächlich ein Gespräch und nicht bloß ein Interview zu erhalten, lassen sich keine Prozentzahlen für Meinungen abgeben. Zu unterschiedlich die Ausdrucksweise aber auch die Seminare selbst. Darum sprechen wir in Bezug auf die Interviews immer nur von Tendenzen, ähnlich der sogenannten offenen Frage des Fragebogens.

3 BMUK/Bundesanstalt Statistik Österreich (Hg.): *Österreichische Schulstatistik 98/99*, Wien 2000, S 328.

4. Politisches Informationsverhalten

Massenmedien haben die Aufgabe, möglichst vollständig, sachlich und verständlich über Politik informieren. Die Informationsfunktion der Medien ist Voraussetzung, dass Bürger eines Staates die Verfassungsordnung und die Verfassungswirklichkeit kennen sowie politische Zusammenhänge verstehen. Dadurch können sie nach der persönlichen Interessenlage am politischen Prozess in unterschiedlicher Form (Wahlen, Parteiaktivitäten, Bürgerinitiativen usw.) teilnehmen. Wer im Bereich der politischen Bildungsarbeit tätig ist, hat die Aufgabe, anstatt des passiven Medienkonsums die spezifischen Gesetzmäßigkeiten der medialen Informationsvermittlung zu verstehen und kritisch zu analysieren, sowie als MultiplikatorIn dieses Verständnis und die Analysefähigkeit transparent zu machen.

Insbesondere von LehrerInnen wird erwartet, dass sie sowohl kritische MedienrezipientInnen sind als auch in diesem Sinne Mediennutzungskompetenz vermitteln können. Besondere Bedeutung gewinnt diese Aufgabe im Bereich der Vermittlung von Politik bzw. politischen Prozessen als Medieninhalt. Zu berücksichtigen ist dabei, dass die österreichische Medienlandschaft durch zwei Auffälligkeiten, nämlich a) die höchste Pressekonzentration aller „westlichen" Demokratien und b) die dominante Stellung des öffentlich-rechtlichen ORF als weitgehendes Monopolunternehmen im Rundfunkbereich, gekennzeichnet ist.[1]

4.1 Mediennutzung in Österreich[2]

4.1.1 Zeitungen

Österreich ist das Land mit der höchsten Pressekonzentration aller westlichen Demokratien. Die Zahl der täglich erscheinenden Zeitungen hat sich seit den fünfziger Jahren von 36 (1953) auf 16 (2000) verringert. Auf dem Tageszeitungsmarkt erfolgten nach 1970 lediglich drei Neugründungen (*Der Standard 1988, Täglich Alles* 1992, im Jahr 2000 auf eine *Online*-Ausgabe reduziert, und das *Wirtschaftsblatt* 1999). Kommunikationspolitisch latente

Probleme – etwa eine Gefährdung der Meinungsvielfalt – bestehen durch den Niedergang von Parteizeitungen und die Tatsache, dass aufgrund der geringen Auswahlmöglichkeit mehr als vier Fünftel der Österreicher keinen Tageszeitungswechsel vornehmen. Ökonomische Abhängigkeiten sind in den letzten Jahren durch Kooperationen und Kapitalbeteiligungen von ausländischen (deutschen) Verlagen verstärkt worden. Die Verlagsgruppe *Westdeutsche Allgemeine Zeitung (WAZ)* ist an den auflagen- und reichweitenstärksten Tageszeitungen Neue Kronen Zeitung und Kurier mit jeweils knapp 50 (45 bzw. 49) Prozent beteiligt. Die genannten Zeitungen verfügen als Anteilseigner der *Mediaprint*-Gesellschaft, welche u.a. wiederum auch an den Zeitschriften *profil* und *trend* beteiligt ist, über ein machtvolles Druck- und Vertriebssystem. Auch die Wochenzeitschriften *News, tv-media* und seit kurzem *Format* (Verlagsgruppe News, zu 75 Prozent in Besitz von *Gruner+Jahr*, einer Tochtergesellschaft des deutschen *Bertelsmann*-Verlags) sowie *Kleine Zeitung* und *Die Presse* (Styria Medien AG als alleiniger österreichischer Großbesitzer) gehören denselben Eigentümern und erscheinen in einer Verlagsgruppe. Im Jahr 2000 ergab sich durch den Zusammenschluss von *profil* und *Format* bzw. der News-Verlagsgruppe eine weitere Verflechtung. In den Bundesländern verfügen – trotz der Herausforderung durch *Kronen Zeitung* und *Kurier* und als weiterer Beleg für die Pressekonzentration – Regionalzeitungen, beispielsweise die *Tiroler Tageszeitung* – zu 75 Prozent in Besitz des *Axel Springer*-Verlags, u.a. auch Herausgeber der deutschen Massenblätter *Bild* und *Welt* – oder die *Vorarlberger Nachrichten*, über eine monopolähnliche Stellung.

Meistgelesene Tageszeitung in Österreich ist im Jahr 2000 die *Kronen Zeitung* mit einer Reichweite von fast 2,9 Millionen LeserInnen (über 43 Prozent). Es folgen, als Kombination der Erscheinungsorte Graz und Klagenfurt gerechnet, die *Kleine Zeitung* und der *Kurier* mit 844.000 bzw. 812.000 LeserInnen. Der Abstand zu den sogenannten Qualitätszeitungen *Die Presse* und *Der Standard* sowie den führenden Regionalzeitungen ist – keines dieser Blätter erreicht mehr als 400.000 Leser – sehr deutlich. Die Reichweitenstatistik der Wochenzeitungen wird durch das Boulevardblatt *Die Ganze Woche* (etwa 1,4 Millionen Leser) angeführt, gefolgt vom Nachrichtenmagazin *News* (1,3 Millionen Leser) und bezeichnenderweise der Fernsehzeitschrift *tv-media*, die trotz Konkurrenz durch nicht erfasste Fernsehbeilagen in den Donnerstag- bzw. Freitagausgaben der großen Tageszeitungen über fast 1,15 Millionen LeserInnen verfügt. Das politische Nachrichtenmagazin *profil* hat 636.000 LeserInnen.[3]

Nach dem Geschlecht und, obwohl die Gruppe der 40- bis 59-jährigen die größte LeserInnenzahl repräsentiert, hinsichtlich des Alters gibt es keine auffallenden Unterschiede in den Reichweiten österreichischer Tageszeitungen. Das Lesen einer Tageszeitung korreliert aber mit dem (formalen) Bildungsgrad und dem beruflichen Status, d.h. je höher die Schulbildung und der Berufsrang desto häufiger werden Zeitungen gelesen. Auffallend hoch ist die Zeitungsreichweite in Kärnten (knapp 90 Prozent) und Vorarlberg (über 85 Prozent), besonders niedrig ist sie in Oberösterreich, Niederösterreich und Wien sowie in Tirol (jeweils etwa 70 Prozent). Sehr groß ist außerdem die Differenz der Reichweite zwischen Städten (ohne Berücksichtigung Wiens mehr als 85 Prozent in Städten über 50.000 EinwohnerInnen) und kleineren Ortschaften (nur etwa 70 Prozent in Orten mit weniger als 2.000 EinwohnerInnen).

Abgesehen von regionalen Reichweitenunterschieden gibt es von den allgemeinen Trends nur einige zeitungsspezifische Abweichungen. Die *Kronen Zeitung* erreicht zwar in allen Bildungsschichten große Reichweiten, ist aber besonders das Medium der Pflicht- und Berufs-/FachschulabsolventInnen. Unter den MaturantInnen kann der *Kurier* annähernd gleichziehen, in der Subgruppe der UniversitätsabsolventInnen führt *Die Presse* und auch *Kurier* und *Standard* erzielen vergleichbare Werte. Die Mehrheit der führenden Bundesländerzeitungen (*Oberösterreichische Nachrichten, Salzburger Nachrichten, Vorarlberger Nachrichten*) wird ebenfalls insbesondere von Personen mit formal höherem Bildungsgrad gelesen.

4.1.2 Fernsehen

Österreich ist, wie alle modernen Kommunikationsgesellschaften, eine Teledemokratie.[4] Das Fernsehen ist ein bestimmendes Element des Alltagslebens: 98 Prozent der österreichischen Wohnbevölkerung (12 Jahre und älter) und 99 Prozent der Kinder (von drei bis 11 Jahren) verfügten 2000 über zumindest ein Fernsehgerät in ihrem Haushalt. Regionale Unterschiede bzw. ein Stadt/Land-Gefälle sind diesbezüglich kaum noch ausgeprägt. Im Tagesdurchschnitt sahen 2000 erwachsene ÖsterreicherInnen 89 Minuten in ORF-Programmen fern. Das bedeutet einen klaren Rükkgang gegenüber den achtziger Jahren (1985: 117 Minuten), jedoch eine Stabilisierung seit 1993 (88 Minuten). Verantwortlich dafür ist die nach 1990 einsetzende und vor allem in der ersten Hälfte der neunziger Jahre technisch realisierte Konkurrenzierung durch ausländische Fernsehprogramme.

Die Marktanteile des ORF – sie weisen aus, wie hoch die prozentuellen Anteile der einzelnen Fernsehkanäle an der durchschnittlichen täglichen Fernsehzeit sind – betrugen 1999 58,1 Prozent und in Haushalten mit Kabel- oder Satellitenanschluß (KaSats) 48,1 Prozent. In KaSats folgten – unter Erwachsenen über 12 Jahren, d.h. ohne Berücksichtigung der Kinder-Tagesmarktanteile-RTL (8,1 Prozent), PRO7 (6,6 Prozent), SAT1 (6,5 Prozent), RTL2 (3,6 Prozent) und ARD/ZDF (insgesamt 7,5 Prozent; 3,4 bzw. 3,1 Prozent). Die Zahl der KaSats hat sich seit 1987 von knapp 15 Prozent auf 78 Prozent im ersten Quartal des Jahres 2000 vervielfacht. Der ORF-Marktanteil in KaSats ist aber von 1994 (44,2 Prozent) bis zum Jahresende 1999 um mehr als fünf Prozentpunkte angestiegen.[5]

Insgesamt wurde von ÖsterreicherInnen 1999/2000 täglich im Durchschnitt 147 Minuten ferngesehen. Dieser Wert belegt eine Fortsetzung der kontinuierlichen Steigerung in den neunziger Jahren. Die ÖsterreicherInnen bleiben nur knapp hinter den US-AmerikanerInnen – d.h. jenem Land, das als Musterbeispiel einer Teledemokratie gilt – zurück. Die durchschnittliche Sehdauer in Europa ist höher und betrug 208 Minuten im Jahr 1998 (1997: 203 Minuten). Spitzenwerte gab es in Osteuropa, nämlich in Mazedonien (262 Minuten)[6], Ungarn (246 Minuten), Estland (245 Minuten) und Großbritannien (241 Minuten). Der Vergleichswert in der Bundesrepublik Deutschland betrug 201 Minuten. Weniger Zeit mit Fernsehen als in Österreich verbrachten im europäischen Vergleich lediglich Menschen in der deutschsprachigen Schweiz (131 Minuten), Luxemburg (112 Minuten) und Slowenien (95 Minuten).[7]

Am häufigsten gesehene Sendungen der Erwachsenen in Österreich sind vor allem Sportsendungen – 1999 führend die Live-Übertragungen der Rennen von den Schiweltmeisterschaften in den USA, die aufgrund der Zeitverschiebung zur besten Sendezeit am Abend stattfanden – und in besonderen Fällen Informationssendungen (*Zeit im Bild/ZiB 1* bzw. *Österreich Heute*). Für politische Nachrichten schwanken allerdings die Werte abhängig von der Tagesaktualität sehr. Die ZiB 1 am 24. Februar 1999 war mit mehr als 2,3 Millionen ZuseherInnen die meistgesehene Sendung des Jahres, doch findet sich unter den 30 führenden Übertragungen kein weiteres ZiB-Format. In einer Kalenderwoche ohne nationale und/oder internationale Ereignisse in der Politik, die außergewöhnlich sind, schwankt der SeherInnenanteil für ZiB 1 zwischen 1,0 und 1,4 Millionen ÖsterreicherInnen. Besonders hoch ist allerdings der Treueindex für ZiB-Sendungen als wichtigste Politikberichterstattung, wo im Regelfall etwa 90 Prozent den Großteil der Berichte verfolgen und, anders als bei Unterhaltungssendungen nicht *„Channel Hopping“* betreiben. Die Berichterstattung nach den

Nationalratswahlen am 3. Oktober 1999 verfolgten bis zu 1,76 Millionen ÖsterreicherInnen; das entspricht einer Durchschnittsreichweite unter Erwachsenen von 26 Prozent und einem Marktanteil von etwa 71 Prozent. Die qualitative Beurteilung durch die ZuseherInnen von 4,2 auf der fünfteiligen Skala des ORF-Teletests bildet zugleich einen ungefähren Mittelwert für politische Informationssendungen.[8]

4.1.3 Radio

Das ORF-Radio erreichte zuletzt (2000) mit einer Tagesreichweite von rund 75 Prozent etwa 5,3 Millionen ÖsterreicherInnen. Führend sind – mit Reichweiten von jeweils etwa 40 Prozent (bzw. 2,7 Millionen Hörer-Innen) – die ORF-Regionalprogramme und *Österreich 3 (Ö3)*, während die HörerInnenschaft von *Österreich 1 (Ö1)* lediglich eine Reichweite von etwa fünf bis sieben Prozent (500.000 HörerInnen, gegenüber 1997 mit 350.000 HörerInnen jedoch ein bemerkenswerter Zuwachs) aufweist.[9] Der Radiomarkt in Österreich veränderte sich durch seine Liberalisierung 1997/98, die zur Zulassung privater Regional- und Lokalradios führte[10], ohne dass diese (2000: 18 Prozent Marktanteil) aber die Reichweiten des ORF signifikant beschränkt oder die Radiogewohnheiten verändert haben. Allerdings ergeben sich abhängig von der Präsenz „starker“ Privatradios regionalspezifische Unterschiede nach Bundesländern. Statistisch werden etwa 1,4 (vor Einführung des Privatradios 1,2) Sender täglich gehört. Die durchschnittliche Hördauer beträgt mehr als drei Stunden am Tag.

4.1.4 Bedeutung und Glaubwürdigkeit der medialen Information

SeherInnen- und HörerInnenzahl für eine politische Berichterstattung sind selbstverständlich stark abhängig von Themen und Ereignissen (beispielsweise führen politische Krisen oder Wahlen zu einer erhöhten Aufmerksamkeit), so dass größere Schwankungen die Aussagekraft von Durchschnittswerten beeinträchtigen. Das gilt analog zur ZiB 1 für alle zentralen politischen Nachrichtensendungen des ORF in Fernsehen und Radio. Der „Report“ als typisches Politmagazin wird wöchentlich (Dienstag) von etwa 700.000 ÖsterreicherInnen gesehen.

Obwohl sich in Österreich die Nutzungszeit des Fernsehens, konkreter gesagt von ausländischen Programmen, in den neunziger Jahren stark erhöht hat, belegen die keinesfalls generell sinkenden Auflagenzahlen österreichischer Tages- und Wochenzeitungen eine grundlegende Gesetzmäßigkeit der Publizistik- und Kommunikationswissenschaft: Das Medium Fernsehen hat nicht, weder in Österreich noch sonstwo, Zeitungen als „alte Medien" abgelöst. Genausowenig hat, wie damals befürchtet, die Photographie Zeichnungen und Malerei verdrängt. Neue Medien wie das *Internet* werden analog dazu das Fernsehen nicht zum Verschwinden bringen, sondern ergänzen.

Generell ist der Medienkonsum – in der Reihenfolge Fernsehen, Radio hören und Zeitungen/ Illustrierte lesen auf den ersten Plätzen vor Telefonieren, Familie/Freunde, Unternehmungen usw. – die primäre Freizeitbeschäftigung der ÖsterreicherInnen.[11] Zusätzlich beeinflussen Medien, insbesondere das Fernsehen, massiv das Alltagsleben und die Freizeitgestaltung: Das Abendessen findet in vielen Fällen regelmäßig vor den Informationssendungen *Bundesland Heute* und *Zeit im Bild* statt, Wochenendausflüge werden zeitlich nach dem Fernsehprogramm geplant, Gespräche während bestimmter Sendungen unterbrochen usw.

Während Fernseh- und Radiogeräte in nahezu allen Haushalten verfügbar sind, wird lediglich in 82 Prozent der österreichischen Haushalte eine Tageszeitung gekauft bzw. abonniert. Wochenzeitungen mit dem Schwerpunkt der Politikberichterstattung gibt es lediglich in 24 Prozent der Haushalte. Andere Zeitschriften sowie lokale Wochenzeitungen verfügen über deutlich größeren Zuspruch. Signifikant zugenommen hat die Bedeutung des Teletextes als Kurzinformationsquelle, die sowohl der Fernsehorientierung als auch den von kurzzeitigen Aufmerksamkeitsmustern geprägten Lesegewohnheiten entspricht.

Als politische Informationsquelle nutzen (in Form von Nachrichten) ÖsterreicherInnen zu jeweils knapp zwei Drittel täglich das Fernsehen und Radio. 60 Prozent lesen täglich Nachrichten in Tageszeitungen. Weitere 20 bis 24 Prozent verfolgen die Berichterstattung in den genannten drei Medien zumindest mehrmals wöchentlich. Weniger als 10 Prozent verfolgen die Politikberichterstattung niemals bzw. weniger als einmal in der Woche. Im europäischen Vergleich – siehe unten – liegen die ÖsterreicherInnen hinsichtlich der Häufigkeit des Nachrichtenstudiums im Radio deutlich und auch beim Lesen von Tageszeitungen über dem EU-Durchschnitt, als ZuseherInnen von Fernsehnachrichten knapp darunter.

Abbildung 37: Nutzungsfrequenz von Nachrichten in Zeitung, Fernsehen und Radio in Österreich, 1999/2000

Ich lese/sehe/höre Nachrichten in ...	Tageszeitungen	Fernsehen	Radio
täglich	60	65	65
mehrmals in der Woche	21	24	20
1-2 mal in der Woche	9	9	7
seltener	7	2	6
nie	3	1	2

Angaben in Prozent. Rundungsfehler sind möglich.
Quelle: Eurobarometer Nr. 52, April 2000 (Umfragedaten von Oktober bis November 1999).

Verfügbar unter:
http://europa.eu.int/comm/dg10/epo/eb/eb52/eb52_de.pdf

69 Prozent der ÖsterreicherInnen beziehen ihre politischen Informationen überwiegend aus dem Fernsehen bzw. bezeichnen das Fernsehen als wichtigste politische Informationsquelle. Zeitungen (44 Prozent) und Hörfunk (25 Prozent) folgen mit deutlichem Abstand und – die Vergleichswerte aus 1961 betrugen 61 bzw. 59 Prozent – in den letzten Jahrzehnten mit radikal sinkender Tendenz. 47 Prozent halten das Fernsehen, das trotz einer deutlichen Verschlechterung seit den siebziger Jahren – 1976 bezeichneten noch 66 Prozent das Fernsehen als seriöseste politische Informationsquelle! – und eines weiteren Rückgangs in den neunziger Jahren deutlich vor den Zeitungen (20 Prozent) rangiert, für besonders glaubwürdig. Ein offensichtlicher Zusammenhang besteht zwischen der Glaubwürdigkeit und dem formalen Bildungsgrad, weil Personen mit höherer Schulbildung das Fernsehen weniger glaubwürdig bewerten als PflichtschulabsolventInnen.[12]

Der Anstieg beider Werte (als politische Informationsquelle und hinsichtlich der Glaubwürdigkeit) für das Fernsehen ist nicht weniger signifikant als etwa in den USA, der gleichzeitige Rückgang der Bedeutung von Zeitungen gleichermaßen dramatisch. Trotz der hinsichtlich ihrer Auflage einmaligen Sonderstellung der *Kronen Zeitung* – sie ist im Verhältnis zur Einwohnerzahl des Erscheinungslandes die mit Abstand größte Tageszeitung der Welt – müssen in diesem Zusammenhang die politischen Einflußmöglichkeiten von Printmedien deutlich relativiert werden. Offensichtlich auch, dass die Politberichterstattung im Radio, vor dem Zeitalter der Teledemokratie gemeinsam mit den Tageszeitungen primäre politische Informationsquelle, quantitativ einen radikalen Bedeutungsverlust erfahren hat, obwohl sich seine Glaubwürdigkeit qualitativ nicht verringert hat.

Es ist allerdings überraschend, dass trotz ihrer hohen Glaubwürdigkeit das Vertrauen gegenüber Massenmedien in Österreich verhältnismäßig gering ist. Gefragt nach dem Vertrauensgrad der ÖsterreicherInnen in verschiedene Institutionen, werden Massenmedien lediglich von 21 Prozent genannt und rangieren an 10. Stelle.[13]

Abbildung 38: Bedeutung und subjektive Glaubwürdigkeit politischer Informationsquellen in Österreich

in Prozent ...	**bezeichnen als wichtigste politische Informationsquelle**		**halten für besonders glaubwürdig**	
	1961	*1995*	*1989*	*1995*
Fernsehen	11	69 (+58)	56	47 (-9)
Tageszeitungen	61	44 (-17)	16	20 (+4)
Hörfunk	59	25 (-34)	9	8 (-1)
Zeitschriften	-	-	5	7 (+2)
Gespräche	7	12 (+5)	5	16 (+6)

Quellen: Fessel+GFK, bundesweite Repräsentativumfrage (1989-1995); bzw. (für 1961) Fritz Plasser: *Elektronische Politik und politische Technostruktur reifer Industriegesellschaften.* In: Fritz Plasser/Peter Ulram/Manfried Welan (Hg.): *Demokratierituale: Zur politischen Kultur der Informationsgesellschaft.* Wien 1985. S. 9-32.

4.1.5 Internet

In Österreich verfügen nach nationalen Umfragen[14] 44 Prozent der Bevölkerung über die Möglichkeit neue Informations- und Kommunikationstechnologien *(Information and Communication Technologies/ICTs)*[15] zu nutzen. Etwa 28 Prozent – ein konstant steigender Anteil gegenüber vier, sechs, 11 und 19 Prozent in den Jahren von 1996 bis 1999 – können als regelmäßige (Intensiv-)NutzerInnen, d.h. mit täglichem oder mehrmals wöchentlichem Gebrauch, bezeichnet werden. Die durchschnittlichen jährlichen Zuwachsraten der ICT-NutzerInnen – 1996 waren es in Österreich 550.000, 2000 wahrscheinlich über 2,25 Millionen Personen – liegen über 50 Prozent.

Das gesellschaftliche Profil der ICT-NutzerInnen in Österreich ist durch den Gegensatz von *Information Haves und Information Have Nots*, d.h.

von Bevölkerungsgruppen mit und ohne ICT-Zugangsmöglichkeiten und ICT-Nutzungskompetenz, gekennzeichnet.[16] Unterschiede gibt es hinsichtlich des Geschlechts, des Alters, des formalen Bildungsgrads und der beruflichen Position. Die Geschlechterdifferenz ist im Vergleich zu den USA als fortschrittlichste *„Cyberdemocracy"* deutlich stärker ausgeprägt: Obwohl der Frauenanteil von 1997 bis 2000 um neun Prozentpunkte angestiegen ist, sind immer noch über 60 Prozent der österreichischen ICT-NutzerInnen Männer. Besonders signifikant ist im Verhältnis zum jeweiligen Anteil an der Gesamtbevölkerung die Dominanz der Altersgruppen unter 20 Jahren und von 20 bis 29 Jahren. Obwohl in Summe lediglich 30 Prozent der Bevölkerung repräsentieren sie 52 Prozent der ICT-NutzerInnen. Prozentuelle Verschiebungen des NutzerInnenanteils beschränken sich auf diese Gruppen. Ausgleichs- und Aufholprozesse älterer Generationen finden sind kaum festzustellen. Nach Meinungsumfragen, welche ohne Zusammenhang mit Zugangsmöglichkeiten und Frequenz die ICT-Nutzung messen, wird der Anteil der ICT-NutzerInnen unter Jugendlichen sogar mit bis zu 80 Prozent (gegenüber 28 Prozent im Jahr 1997) angegeben. Ausschlaggebend dafür ist, dass Jugendliche von 14 bis 19 Jahre in den Schulen auf das Internet zugreifen können. Interessanterweise ist nach derselben Umfrage die ICT-Nutzung in Haushalten mit Kindern und Jugendlichen am stärksten angestiegen, so dass diese als treibende Kraft für die Anschaffung eines privaten Anschlusses gesehen werden.[17] Als Schlussfolgerung ergibt sich, dass ältere ÖsterreicherInnen weitgehend von einer ICT-Nutzung ausgeschlossen und mittelfristig potenzielle *Information Have Nots* sind.

Die Altersunterschiede sind weitreichender als Unterschiede nach dem formalen Bildungsgrad, obwohl PflichtschulabsolventInnen unter- und MaturantInnen bzw. AkademikerInnen überrepräsentiert sind. Allerdings ist, anders als nach Altersklassen, seit 1997 eine Verringerung der bildungsbezogenen Ungleichheit erkennbar. Daraus könnte folgen, dass ICT-Initiativen und (Aus-/Fort-)Bildungsprogramme für ältere Erwachsene sowohl seltener als auch weniger erfolgreich sind. Hinsichtlich des Zusammenhangs von Beruf und ICT-Nutzung sind Leitungsfunktionen als Auslesekriterium weniger bedeutend geworden, stellen jedoch einen relevanten Faktor dar. StudentInnen (und im universitären Bereich tätige Personen) sind die im Verhältnis zu ihrem Bevölkerungsanteil am meisten von ICTs profitierende Gruppe.

Infolge der steigenden Diversität von Informationsangeboten – *Internet*, CD-ROM, *Software* usw. – sind außerdem trotz technischer Vereinfachungen elitäre Gruppen im Vorteil ICTs umfassend zu nutzen. Universaldienstleistungen als staatliche Grundausstattungen für eine breite Bevölkerungsschicht können hingegen nur geringe Teile des Informationsangebots beinhalten. Konsequenz ist, dass sich die Wissenskluft zwischen informierten Gruppen und vom Informationsfluss Ausgeschlossenen als unterprivilegierte *Information Have Nots/ Information Poor* verstärkt. Die Wissenskluft-Hypothese geht davon aus, dass ein zunehmendes mediales Informationsverhalten – in diesem Fall hinsichtlich von Informationen via ICTs – vor allem formal gebildeteren und statushöheren Schichten zugute kommt. Diese verfügten über mehr Kompetenz zur Aneignung relevanten Wissens, so dass sich die Wissenskluft als Klassengrenze der Gesellschaft vergrößere.[18]

Abbildung 39: Strukturdaten der ICT-Nutzung in Österreich 1997-2000

	ICT-NutzerInnen in Prozent		
	1997	*2000*	*1997-2000***
Geschlecht			
Männer (47)*	71	62	-9
Frauen (53)	29	38	+9
Alter			
14-19 (8)*	17	18	+1
20-29 (22)	41	34	-7
30-39 (18)	19	22	+3
40-49 (16)	15	16	+1
50-59 (12)	8	7	-1
60+ (24)	1	2	+1
Schulbildung			
Pflichtschule (34)*	23	28	+5
Fachschule/Lehre (44)	27	36	+9
Matura (15)	35	22	-13
Universität (7)	14	12	-2
Berufliche Stellung			
Leitend (8)*	19	16	-3
Nicht leitend (33)	29	39	+10
Selbständig (5)	10	7	-3
StudentIn (11)	35	26	-9
Sonstige	7	11	+4

Quelle: Austrian Internet Monitor (AIM), 2. Quartal 2000, und eigene Berechnungen. Restwerte unter/über 100 Prozent in den einzelnen Kategorien aufgrund von Rundungsfehlern sind möglich.

* Die Zahlen in Klammer geben jeweils den Anteil der jeweiligen Gruppe an der Gesamtbevölkerung ab 14 Jahren an.

** Veränderung des Anteils an der Gesamtzahl der ICT-NutzerInnen in Prozentpunkten.

Interessenspezifisch steht in Österreich für ICT-NutzerInnen der Informationsgewinn zumindest vordergründig im Mittelpunkt, während ausschließliche Unterhaltungswerte – etwa themenunspezifische *Chats* – überraschenderweise weniger bedeutend zu sein scheinen (Media-Analysen 2000): Als primärer Nutzungszweck dominieren *E-Mails*. Gezielte Suchen nach Informationen sind häufiger als zielloses *Surfen* im *Internet*, doch bezieht sich der hohe Wert gezielten Suchens gleichermaßen auf Unterhaltungswünsche und Informationsrecherchen. Bemerkenswert ist auch, dass knapp 10 Prozent ICTs für das Studium von Zeitungen und Zeitschriften nutzen. Als Exkurs festzustellen ist, dass *E-Commerce* (beispielsweise *Online Banking* und *Online Shopping*) im internationalen Vergleich noch relativ unbedeutend ist, doch mittlerweile über große Steigerungsraten verfügt.

Das *Internet* wird, wie erwähnt, Zeitungen und Fernsehen als Medium der Politikvermittlung nicht ersetzen, könnte aber analog zur höheren Glaubwürdigkeit von politischen Fernsehinhalten gegenüber Zeitungsberichten einen Bedeutungswechsel einleiten. Von besonderem Interesse sind daher Entwicklungen, die Schnittstellen zwischen den Medien der politischen Kommunikation begünstigen. Dazu zählen die Nutzung des Fernsehgeräts als *Internet*-Bildschirm und ein *online*-Zugang durch die Fernbedienung des Fernsehers sowie *online*-Zeitungen. Trotz jeweils noch bestehender hoher Investitionen, Skepsis der Werbewirtschaft und geringer Zahlungsbereitschaft der Benutzer sind *online*-Zeitungen bzw. *online*-Ausgaben gedruckte Tages- und Wochenzeitungen zum Regelfall geworden. Im Vergleich zur gedruckten Zeitung werden *online*-Zeitungen seltener und kürzer gelesen, die Hauptnutzungszeit beginnt ab 18 Uhr. Von den Benutzern werden *online*-Zeitungen als vielfältiger, gedruckte Zeitungen als tiefergehendes Informationsmedium eingestuft. Hinsichtlich der nachgefragten Sparten (Politik, Wirtschaft, Chronik, Sport, Wissenschaft/Technik usw.) bestehen kaum Unterschiede.[19] In Österreich sind sowohl der ORF als auch sämtliche Tageszeitungen unentgeltlich im *Internet* zu lesen. Die Zahl der Seitenzugriffe ist kontinuierlich im Ansteigen begriffen.

4.2 Daten zum politischen Informationsverhalten der TeilnehmerInnen

Das Zielpublikum des Universitätslehrgangs Politische Bildung/*Master of Advanced Studies (Civic Education)* durch das Institut für interdisziplinäre Forschung und Fortbildung (IFF) wird vor allem von LehrerInnen gebildet, deren Informationsverhalten – wie auch das der restlichen TeilnehmerInnen – im vorliegenden Evaluationsforschungsprojekt analysiert wurde. Zu bedenken ist, dass es sich durch die Teilnahme am MAS-Lehrgang um keinen repräsentativen Querschnitt österreichischer LehrerInnen handelt, sondern um eine Gruppe mit besonderem Interesse an der politischen Bildungsarbeit. Nichtsdestoweniger ist das (politische) Mediennutzungsverhalten der LehrerInnen von großem Interesse, um Rückschlüsse auf das Potential der ICTs im Bildungsbereich zu ziehen.

Im Unterschied zu den Charakteristika des Informationsverhalten einer modernen Teledemokratie für die allgemeine Bevölkerung, welche das Fernsehen als wichtigste und glaubwürdigste Informationsquelle ansieht, stellen für TeilnehmerInnen/LehrerInnen mit besonderem Interesse an Politischer Bildung (und daher vermutlich auch an Politik) Tageszeitungen das zentrale Medium dar. 35,5 Prozent bezeichnen diese als wichtigste Informationsquelle für politische Themen. Das Fernsehen wird von knapp über 20 Prozent als Primärquelle genannt und weist somit einen klaren Rückstand von etwa 15 Prozentpunkten auf. Es folgen Sachbücher u.ä. Quellen mit 14 Prozent, das Radio mit 13,4 Prozent, sowie Zeitschriften mit 10,5 Prozent. Gleichzeitig zeigt sich die Durchsetzung der Mediengesellschaft, weil unter LehrerInnen als Musterbeispiel einer kommunikativ orientierten Berufsgruppe, in welcher interpersonale Diskussionen zwangsläufig einen hohen Stellenwert einnehmen, für weniger als drei Prozent persönliche Gespräche als wichtigste Informationsquelle angeführt werden. Überraschend ist, dass das *Internet* als wichtigste Quelle in keinem Fall genannt wurde.

Abbildung 40: Primärquellen der LehrgangsteilnehmerInnen für politische Informationssuchen

Meine wichtigste Quelle, um mich über Politik zu informieren, ist/sind:	*Angaben in Prozent*
Tageszeitungen	35,5 (41,2)*
Fernsehen	20,3 (23,6)
Sachbücher/Dokumentationen o.ä.	14,0
Radio	13,4 (15,5)
Zeitschriften	10,5 (12,2)
Gespräche mit Familienmitgliedern, Freunden bzw. Bekannten/KollegInnen	2,9 (5,4)
Anderes	1,7 (2,0)

* Die Angaben in Klammer stellen den Wert ohne Berücksichtigung der Sachbücher/Dokumentationen als Medium mit anderen Aktualitätsmaßstäben dar. Rundungsfehler sind jeweils möglich.

Die Bedeutung der Tageszeitungen bestätigt sich in der Frage nach der Glaubwürdigkeit der einzelnen Informationsmedien. Sachbücher und Dokumentationen stellen – mit einem Wert von 45,9 Prozent, wenn sie miteinbezogen werden; ihre Berücksichtigung wäre jedoch problematisch, weil sie nicht tagesaktuell sind/sein müssen und daher im Vergleich anderen Glaubwürdigkeitskriterien unterliegen – die glaubwürdigste Quelle dar. Unter den tages- bzw. zumindest wöchentlich aktuellen Quellen führen eindeutig Tageszeitungen (37,0 Prozent) vor dem Fernsehen (17,4 Prozent). Es folgen das Radio mit 15,2 Prozent, Zeitschriften (v.a. Wochenzeitungen) mit 12,0 Prozent und persönliche Gespräche mit – als nunmehr etwas verbesserter Wert – 10,9 Prozent. Das *Internet* hat vergleichsweise keine relevante Bedeutung.

In Relation zu ihrer Wichtigkeit nach der o.e. Statistik zeigt sich (Sachbücher und Dokumentationen neuerlich nicht berücksichtigt), dass die Wichtigkeit des Mediums als Primärquelle und seine Glaubwürdigkeit unmittelbar zusammenhängen. Die Werte für die führende Rolle der Tageszeitungen hinsichtlich Wichtigkeit und Glaubwürdigkeit divergieren nur geringfügig (41,2 bzw. 37,0 Prozent). Analog dazu werden auch das Fernsehen (23,6 Prozent statt 17,4 Prozent) relativ geringfügig, Radio und Zeitschriften lediglich marginal wichtiger als glaubwürdiger eingeschätzt. Eine auffallende Differenz ergibt sich allein für persönliche Gespräche mit Familienmitgliedern, Freunden bzw. Bekannten/KollegInnen, die als doppelt so glaubwürdige wie wichtige Quelle gelten (10,9 Prozent Glaubwürdigkeit gegenüber 5,1 Prozent Wichtigkeit).

Abbildung 41: Politische Informationsquellen der LehrgangsteilnehmerInnen nach ihrer Glaubwürdigkeit

Meine glaubwürdigste Informationsquelle über Politik ist/sind:	*Angaben in Prozent* (Sachbücher/Dokumentationen nicht berücksichtigt)
Tageszeitungen	37,0
Fernsehen	17,4
Radio	15,2
Zeitschriften	12,0
Gespräche mit Familienmitgliedern, Freunden bzw. Bekannten/KollegInnen	10,9
Internet	0,9
Anderes	6,5

Rundungsfehler sind möglich.

Werden die Angaben über die subjektiv wichtigste und glaubwürdigste politische Informationsquelle der LehrgangsteilnehmerInnen bzw. vorwiegend von LehrerInnen mit den Indikatoren des sozialen Profils (Alter, Geschlecht, regionale Herkunft usw.) in Form von Kreuztabellen verknüpft, ergeben sich einige interessante Unterschiede. Nach Altersklassen ist in mehreren Bereichen der Anteil einer Personengruppe, die ein Medium als wichtigste Informationsquelle bezeichnen, auffällig höher als der Anteil derselben Gruppe an der Grundgesamtheit als Summe aller befragten Personen: 41- bis 50-jährige LehrgangsteilnehmerInnen sind mit knapp 55 Prozent am stärksten vertreten, doch jeweils über 62 Prozent aus dieser Gruppen nennen das Fernsehen bzw. Sachbücher als politische Primärquelle (als 100 Prozent angenommen sind stets alle Personen, die ein Medium als wichtigste Informationsquelle bezeichnen). Der Gruppenanteil unter jenen, die Tageszeitungen als am wichtigsten einschätzen, ist demgegenüber mit 50 Prozent deutlich geringer.

Im Gegensatz dazu ist ein Generationsunterschied nachweisbar, weil die über 50-jährigen TeilnehmerInnen – etwa 25 Prozent aller befragten Personen – lediglich zu 11,4 Prozent unter den „primären FernseherInnen" zu finden waren. Gleichzeitig beträgt der Gruppenanteil der Ältesten aber bei jenen, die Tageszeitungen und Zeitschriften als wichtigste Informationsquelle schätzen, 29,5 bzw. sogar 11,4 Prozent. Bei den 31-bis 40-jährigen zeigen sich keine allzu besonderen Abweichungen von der prozentuellen Gruppengröße, mit Ausnahme einer hohen Prozentzahl von Nennungen von persönlichen Gesprächen als wichtigste Informationsquelle für Politik. Doch handelt es sich in absoluten Zahlen um vier von acht Personen, so dass daraus nicht generell eine außergewöhnliche Bedeutung von

Gesprächen über Politik für jüngere LehrgangsteilnehmerInnen folgt. Für die Gruppe der unter 30-jährigen sind aufgrund ihres kleinen Anteils an der Grundgesamtheit keine zuverlässigen Aussagen möglich.

Abbildung 42: Politisches Informationsverhalten nach Alterklassen: Wichtigkeit von Medien

Meine wichtigste Informationsquelle ist/sind *(Anzahl absolut/in Prozent von):*	*bis 30 Jahre*	*31-40 Jahre*	*41-50 Jahre*	*über 50 Jahre*	*Gesamt*
Gespräche mit Familienmitgliedern/Freunden usw.		4	2	2	8
		50,0%	25,0%	25,0%	100,0%
Tageszeitungen	1	11	31	18	61
	1,6%	18,0%	50,8%	29,5%	100,0%
Zeitschriften		4	6	8	18
		22,2%	33,3%	44,4%	100,0%
Fernsehen	3	6	22	4	35
	8,6%	17,1%	62,9%	11,4%	100,0%
Radio	1	4	13	4	22
	4,5%	18,2%	59,1%	18,2%	100,0%
Sachbücher, Dokumentationen, inhaltliche Broschüren o.ä.		3	15	6	24
		12,5%	62,5%	25,0%	100,0%
Andere			2	1	3
			66,7%	33,3%	100,0%
Gesamt	5	32	91	43	171
	2,9%	18,7%	53,2%	25,1%	100,0%

Nach dem Geschlecht sind Tageszeitungen und persönliche Gespräche für Frauen (57,7 bzw. 57,1 Prozent von jenen Personen, die das jeweilige Medium als das Wichtigste angaben, als Wert für 100 Prozent) von größerer Bedeutung als für Männer. Umgekehrt ist die Wichtigkeit des Fernsehens und von Zeitschriften. Jeweils knapp 57 Prozent der befragten Personen, die das Fernsehen bzw. Zeitschriften als wichtigste Informationsquelle angaben, sind männlichen Geschlechts. Für das Radio ergeben sich keine geschlechtsspezifischen Differenzen. Auffallend ist hingegen die unterschiedliche Wichtigkeit von Sachbüchern/Dokumentationen, welche zu 70 Prozent von Männern als am wichtigsten angesehen werden. Selbstverständlich wäre zu prüfen, inwiefern externe Faktoren – etwa berufliche Umstände oder das verbleibende Zeitbudget im privaten Alltag – das vermehrte Lesen von Büchern und Berichten durch Männer erklären.

Hinsichtlich der regionalen Herkunft der LehrgangsteilnehmerInnen sind die absoluten bzw. prozentuellen Werte lediglich bedingt aussagekräftig, weil nach dem Bundesland und nicht zusätzlich nach städtischen und ländlichen Gebieten unterschieden wurde, sowie in mehreren Ländern die absoluten Zahlenwerte zu gering sind. Nichtsdestoweniger fällt auf, dass für WienerInnen das Radio (sowie Sachbücher) und für SteirerInnen Zeitschriften von ungewöhnlich hoher Bedeutung als Medium der politischen Informationsvermittlung sind. Persönliche Gespräche als wichtigste Informationsquelle werden, bei allerdings kleinen absoluten Zahlen, in Niederösterreich und Tirol verhältnismäßig oft angeführt.

Von größerem Interesse sind, wenn die Antworten der LehrerInnen unter den LehrgangsteilnehmerInnen analysiert werden, Unterschiede nach dem Schultyp und nach dem Unterrichtsfach/den Unterrichtsfächern. Während VolksschullehrerInnen aufgrund ihres geringen Anteils an den TeilnehmerInnen schwierig einzuordnen sind, nutzen HauptschullehrerInnen überproportional das Fernsehen und Zeitschriften als primäre Quelle für politische Informationen. LehrerInnen an Allgemeinbildenden Höheren Schulen (AHS) nennen im Vergleich zu ihrer Gesamtzahl überverhältnismäßig oft das Radio sowie – weniger stark ausgeprägt – Sachbücher als wichtigste politische Informationsquelle. LehrerInnen an Berufsbildenden Mittleren und Höheren Schulen (BMHS), dazu zählen insbesondere Handelsschulen/-akademien und Höhere Technische/Kaufmännische Lehranstalten, bevorzugen gleichermaßen das Fernsehen, verwenden jedoch Sachbücher und auch Zeitschriften als vorwiegende Quelle für Politik in deutlich geringerem Ausmaß. Die außergewöhnliche Wichtigkeit von Sachbüchern als politische Informationsquelle unter LehrerInnen an anderen

Schultypen rührt daher, dass diese Gruppe zwar auch einzelne Berufs- und SonderschullehrerInnen bzw. LehrerInnen an Polytechnischen Schulen, vor allem aber Lehrende an Pädagogischen Instituten bzw. Pädagogischen Akademien als Bildungsinstitutionen mit Hochschulcharakter umfaßt.

Hinsichtlich der Unterrichtsfächer ist aufgrund der im Regelfall erfolgenden Lehre von mindestens zwei Fächern im AHS- und BMHS-Bereich sowie aufgrund des vermehrten Klassenlehrersystem an Pflichtschulen eine eindeutige Zuordnung schwierig. Doch sind, wenig überraschend, DeutschlehrerInnen besonders intensive LeserInnen der Politikberichte in Tageszeitungen und Zeitschriften. Interessanterweise gilt das nicht als Auffälligkeit für Unterrichtende von Fremdsprachen. Für die kleine Zahl von 14 LehrerInnen, die unmittelbar und nicht nur im Rahmen des Unterrichtsprinzips Politische Bildung (das es lediglich im Berufsbildenden Schulwesen als eigenständiges Fach gibt) unterrichten, wären Prozentwerte irreführend. Es ist jedoch ein Indiz für das allgemeine Informationsverhalten, dass in dieser Gruppe jeweils nur eine Person Fernsehen und Radio als wichtigstes Medium für die Vermittlung politischer Informationen nannte, während die Nennungen von Tageszeitungen und Zeitschriften ohne besondere Abweichung knapp über dem Durchschnitt lagen. Bemerkenswert ist schließlich, dass ohne Erklärungsmöglichkeit jene TeilnehmerInnen, die Einzelseminare besuchen, sich von jenen, die das gesamte Curriculum des Lehrgangs absolvieren, insofern unterscheiden, dass sie das Radio und Zeitschriften verhältnismäßig häufig als wichtigste politische Informationsquelle nennen.

Abbildung 43: Wichtigkeit der politischen Informationsquellen für LehrerInnen nach Schultyp

Meine wichtigste Informationsquelle ist/sind *(Anzahl der LehrerInnen absolut/in Prozent von)*:	*Volksschule*	*Hauptschule*	*AHS*	*BMHS*	*Andere*	*Gesamt*
Gespräche mit Familienmitgliedern/Freunden usw.			4	3	1	8
			50,0%	37,5%	12,5%	100,0%
Tageszeitungen	3	19	17	11	8	58
	5,2%	32,8%	29,3%	19,0%	13,8%	100,0%
Zeitschriften	1	7	5	2	3	18
	5,6%	38,9%	27,8%	11,1%	16,7%	100,0%
Fernsehen	1	12	4	8	5	30
	3,3%	40,0%	13,3%	26,7%	16,7%	100,0%
Radio	1	4	13	4	1	23
	4,3%	17,4%	56,5%	17,4%	4,3%	100,0%
Sachbücher, Dokumentationen, inhaltliche Broschüren o.ä.	2	3	9	2	6	22
	9,1%	13,6%	40,9%	9,1%	27,3%	100,0%
Andere		2	1			3
		66,7%	33,3%			100,0%
Gesamt	8	47	53	30	24	162
	4,9%	29,0%	32,7%	18,5%	14,8%	100,0%

In Bezug auf die subjektive Glaubwürdigkeit ergeben die Daten für LehrgangsteilnehmerInnen folgendes Bild:

- Erstens bestätigt sich nach Altersklassen die subjektive Einschätzung der Wichtigkeit durch die LehrgangsteilnehmerInnen. Im Regelfall halten jene Gruppen, die ein Medium der politischen Informationsvermittlung für besonders wichtig ansehen, dieses auch für in ungewöhnlich hohem Maß glaubwürdig. Bezeichnenderweise bilden die 41- bis 50-jährigen einen hohen Anteil in jener Gruppe, die das Fernsehen als glaubwürdigste Quelle nennt, während die über 50-jährigen unverhältnismäßig oft (mit einem Gruppenanteil von 45,5 Prozent im Vergleich zum Gesamtanteil von etwa 25 Prozent) Zeitschriften als politische Informationsquelle mit der höchsten Glaubwürdigkeit anführen. Die Differenz entspricht dem bezüglich der Wichtigkeit skizzierten Generationensprung und rührt offensichtlich aus einem unterschiedlichen Mediennutzungsverhalten, das in der zunehmende Verbreitung des Fernsehens in Österreich in den sechziger und siebziger Jahren – d.h. in der Jugendzeit der befragten Personen – wurzeln kann. Geringere Auffälligkeiten bestehen hinsichtlich der hohen Glaubwürdigkeit des Radios für die 31- bis 40-jährigen (als „Ö3 Generation") und seiner für die Glaubwürdigkeit geringen Wertschätzung durch die über 50-jährigen.
- Zweitens sind hinsichtlich der Glaubwürdigkeit die Unterschiede nach dem Geschlecht am stärksten. Signifikante Abweichungen gegenüber der Geschlechterverteilung unter den befragten Personen (54 Prozent Männer und 46 Prozent Frauen) zeigen sich, dass Frauen Tageszeitungen zu einem deutlich höheren Anteil (59,3 Prozent) als glaubwürdigste politische Informationsquelle bezeichnen. Demgegenüber ist das Vertrauen der Frauen in die Quellen-Seriösität von persönlichen Gesprächen (10 Prozent), Zeitschriften (11,1 Prozent) und auch des Radios (28,6 Prozent) extrem gering. Kein Kriterium ist hingegen das Geschlecht für die Einschätzung der Glaubwürdigkeit des Fernsehens.
- Drittens ist eine Bestimmung von Differenzen nach der regionalen Herkunft (nach Bundesländern) aus den o.e. statistischen Gründen schwierig. Doch fällt auf, dass in Wien Tageszeitungen besonders oft als glaubwürdigste Quelle der Politikvermittlung genannt werden, während die Glaubwürdigkeit des Fernsehens – keine einzige Nennung aus Wien als glaubwürdigstes Medium! – minimal ist. Demgegenüber erscheint das Fernsehen NiederösterreicherInnen und SteirerInnen in verhältnismäßig hohem Ausmaß als am glaubwürdigsten.

- Viertens ist für LehrerInnen der Schultyp, an dem sie ihre Unterrichtstätigkeit ausüben, hinsichtlich der subjektiven Glaubwürdigkeit von Medien als politische Informationsquelle insofern ein überraschendes Kriterium, als LehrerInnen an Berufsbildenden Mittleren und Höheren Schulen (BMHS) konträr zu ihren KollegInnen an Allgemeinbildenden Höheren Schulen (AHS) persönliche Gespräche in höchstem Ausmaß als glaubwürdigste Informationsquelle schätzen. Der Anteil der BMHS-LehrerInnen in dieser Gruppe beträgt 50 Prozent, ihr Anteil an der Gesamtheit der befragten Personen hingegen bloß 18,5 Prozent. Auch die Glaubwürdigkeit des Fernsehens ist unter BMHS-LehrerInnen verhältnismäßig hoch. Hinzu kommen kleinere Auffälligkeiten, etwa eine besondere Glaubwürdigkeit des Radios für HauptschullehrerInnen. LehrerInnen, die Politische Bildung unterrichten, nennen – da dieses Fach nur im Berufsbildenden Schulwesen angeboten wird – logischerweise ebenfalls besonders oft die interpersonale Kommunikation mit der Familie und Freunden als am glaubwürdigsten. Bestätigt wird weiters die naheliegende Wichtigkeit der Zeitungen/Zeitschriften und Bücher als Lesemedium für DeutschlehrerInnen, welche diese politischen Informationsquellen auch überproportional für am glaubwürdigsten halten.

Abbildung 44: Glaubwürdigkeit politischer Informationsquellen nach Geschlecht

Meine glaubwürdigsten Informationen erhalte ich *(Anzahl absolut/in Prozent von)*:	*männlich*	*weiblich*	*Gesamt*
in Gesprächen mit Familienmitgliedern/Freunden usw.	9	1	10
	90,0%	10,0%	100,0%
in Tageszeitungen	11	16	27
	40,7%	59,3%	100,0%
in Zeitschriften	8	1	9
	88,9%	11,1%	100,0%
im Fernsehen	7	6	13
	53,8%	46,2%	100,0%
im Radio	10	4	14
	71,4%	28,6%	100,0%
in Sachbüchern, Dokumentationen, inhaltliche	31	38	69
Broschüren o.ä.	44,9%	55,1%	100,0%
Andere	4	2	6
	66,7%	33,3%	100,0%
Gesamt	80	68	148
	54,1%	45,9%	100,0%

Abbildung 45: Glaubwürdigkeit politischer Informationsquellen für LehrerInnen nach Schultyp

Meine glaubwürdigsten Informationen erhalte ich *(Anzahl der LehrerInnen absolut/in Prozent von)*:	*Volksschule*	*Hauptschule*	*AHS*	*BMHS*	*Andere*	*Gesamt*
in Gesprächen mit Familienmitgliedern/Freunden usw.			1	4	3	8
			12,5%	50,0%	37,5%	100,0%
in Tageszeitungen	2	10	10	7	4	33
	6,1%	30,3%	30,3%	21,2%	12,1%	100,0%
in Zeitschriften		4	4	2	1	11
		36,4%	36,4%	18,2%	9,1%	100,0%
im Fernsehen	1	4		5	3	13
	7,7%	30,8%		38,5%	23,1%	100,0%
im Radio		5	5	3		13
		38,5%	38,5%	23,1%		100,0%
im Internet		1				1
		100,0%				100,0%
in Sachbüchern, Dokumentationen, inhaltlichen	5	22	27	8	11	73
Broschüren o.ä.	6,8%	30,1%	37,0%	11,0%	15,1%	100,0%
Andere		2	2		1	5
		40,0%	40,0%		20,0%	100,0%
Gesamt	8	48	49	29	23	157
	5,1%	30,6%	31,2%	18,5%	14,6%	100,0%

Alter, Geschlecht, Bundesland usw. spielen hinsichtlich des politischen Informationsverhaltens ferner eine Rolle, weil über 50-jährige am seltensten die Abendnachrichten *(Zeit im Bild 1 und Zeit im Bild 2)* sehen und dementsprechend am häufigsten Tageszeitungen lesen. 31- bis 40-jährige sind die stärksten FernsehzuschauerInnen und schwächsten TageszeitungsleserInnen. Interessanterweise nimmt die allgemein sehr geringe Häufigkeit der *Internet*-Nutzung nicht zwangsläufig mit steigendem Alter weiter ab. Eine Erklärungsmöglichkeit dafür ist, dass die Gruppe der unter 30-jährigen, wo sich auffallendere Unterschiede ergeben könnten, zahlenmäßig sehr klein ist. Nach dem Geschlecht können Frauen in allen Medien die Politikberichterstattung weniger regelmäßig verfolgen als Männer. Männer wenden auch täglich eindeutig mehr Zeit für das Lesen der Politikseiten in Tageszeitungen bzw. das Sehen von politischen Fernsehnachrichten auf. Die erwähnte Vermutung, dass der Alltag Männern mehr Möglichkeiten für eine ausführlichere politische Information lässt, scheint sich daher zu bestätigen.

Ungeachtet der Bedeutung von Tageszeitungen als primäre Informationsquelle stellen Fernsehnachrichten einen Fixpunkt in der politischen Informationsvermittlung bzw. auch im Tagesablauf dar. Die Abendnachrichtensendungen des ORF – *Zeit im Bild 1*, 19 Uhr 30, und/oder *Zeit im Bild 2*, ca. 22 Uhr – werden von bis zu zwei Drittel der LehrgangsteilnehmerInnen (61 Prozent) fast täglich gesehen. Mehr als ein Viertel verfolgen diese Nachrichtensendungen zumindest regelmäßig, d.h. zwei- bis dreimal in der Woche. Lediglich eine Minderheit von in Summe knapp über 10 Prozent sind höchstens an einem Tag in der Woche oder noch seltener *Zeit im Bild*-SeherInnen.

Abbildung 46: Frequenz der Zeit im Bild (ZiB)-Rezeption von LehrgangsteilnehmerInnen

	Häufigkeit	*Prozent*	*Kumulierte Prozente*
(fast) täglich (mindestens 4-5x/Woche)	108	61,0	61,0
Regelmäßig (2-3x/Woche)	48	27,1	88,1
Manchmal (höchstens 1x/Woche)	11	6,2	94,4
Selten (höchstens 2-3x/Monat)	2	1,1	95,5
(fast) nie	8	4,5	100,0
Gesamt	177	100,0	

Die Werte für fast tägliche *Zeit im Bild*-Nutzung stimmen überein mit der (aufgrund der Inklusion sonstiger politischer Informationssendungen und Fernsehsender) etwas höheren Zahl von 69,3 Prozent, die beinahe jeden Tag allgemein die Politikberichterstattung des ORF bzw. von anderen Fernsehsendern verfolgen. 81,8 Prozent geben an, nahezu täglich die Politikberichte in Tageszeitungen zu lesen. Für Zeitschriften hingegen bejahen das lediglich 35,8 Prozent. Das Radio stellt ein typisches Sekundärmedium dar und wird trotz seiner geringen Werte als wichtigste Quelle von 61,8 Prozent offenbar zusätzlich jeden Tag als politisches Informationsmedium genutzt. Durch Gespräche mit Familienmitgliedern informieren sich täglich etwa die Hälfte der befragten Personen über Politik. Während für das Fernsehen auch anhand der Frequenz der *Zeit im Bild*-Rezeption die Bedeutung der Politikberichterstattung nachgewiesen werden kann, scheinen die sich vervielfachenden *Internet*-Nutzerzahlen keine absoluten Rückschlüss auf dessen praktische Bedeutung als politische Informationsquelle darzustellen. Lediglich etwa 13 Prozent sind (fast) täglich *online*, um Nachrichten über Politik zu erhalten. Der im Vergleich zu den steigenden Nutzerzahlen verhältnismäßig geringe Wert läßt sich anhand von Studien erklären, die nachweisen, dass ICTs primär für allgemeines *Surfen* bzw. *E-Mails* und *Chats* genutzt wird. Anders ausgedrückt: Wer Zeitungen liest oder fernsieht, informiert sich dort auch über Politik, für das *Internet* gilt das in deutlich geringerem Ausmaß. Selbstverständlich ist aber die Aussagekraft der Prozentzahlen beschränkt, weil die Intensität der Suche nach politischen Informationen nicht zum Ausdruck kommt.

Die Werte der Mediennutzung durch TeilnehmerInnen am Lehrgang Politische Bildung liegen deutlich über dem Durchschnitt der österreichischen Bevölkerung, welche – siehe oben – deutlich seltener Fernsehnachrichten verfolgt, die Politikberichte in Tageszeitungen liest bzw. sich aus dem Hörfunk über Politik informiert. Während das intensivere Verfolgen von Fernsehnachrichten jedoch weniger stark ausgeprägt ist und das Radio sogar seltener als politische Informationsquelle genutzt wird, werden vor allem Politikberichte in Tageszeitungen signifikant öfter von LehrgangsteilnehmerInnen gelesen als durch die Gesamtbevölkerung. Im Vergleich zu den knapp 82 Prozent unter den TeilnehmerInnen als an politischer Bildungsarbeit interessiertem Personenkreis, die täglich Nachrichten in Tageszeitungen lesen um sich politisch zu informieren, sind es allgemein in Österreich lediglich 60 Prozent.

Abbildung 47: Tägliche Rezeption von Politikberichten durch die LehrgangsteilnehmerInnen nach Medientyp

Ich verfolge (fast) täglich die politische Berichterstattung in bzw. informieren mich (fast) täglich über Politik in:	*Lehrgangs-teilnehmerInnen*	*Vergleichswert Gesamtbevölkerung*
Tageszeitungen	81,8	60,0
Fernsehen	69,3	65,0
Radio	61,4	65,0
Gespräche mit Familienmitgliedern, Freunden bzw. Bekannten/KollegInnen	46,3	-
Zeitschriften	35,8	-
Internet	13,6	-
Anderes	2,3	-
Gar nicht	4,6	2

Angaben in Prozent. Mehrfachnennungen möglich.

Es wurde daher versucht, die Nutzungsintensität der Suche nach bzw. Rezeption von politischen Informationen durch die LehrgangsteilnehmerInnen als befragte Personen zumindest quantitativ zu messen. Generell läßt sich feststellen, dass die Mediennutzung für politischen Informationsgewinn in verhältnismäßig kurzer Zeit erfolgt bzw. erfolgen muss. Abhängig vom Medientyp wenden die TeilnehmerInnen mehrheitlich 15-30 Minuten für die Rezeption von politischen Informationen via Massenmedien auf. Das *Internet* ist typisch für eine Kurzzeitnutzung. Ansonsten ergeben sich für die Nutzungszeit zwischen den einzelnen Medien überraschenderweise keine signifikanten Unterschiede. Auffallend ist, dass Politiknachrichten im Fernsehen vergleichsweise selten in weniger als 15 Minuten (etwa in Form der Schlagzeilen) verfolgt werden.

Abbildung 48: Zeitliche Mediennutzung der LehrgangsteilnehmerInnen für politische Informationsvermittlung

	0-15 Minuten	*15-30 Minuten*	*30-60 Minuten*	*Mehr als 60 Minuten*
Tageszeitungen	21,2	43,6	20,6	13,9
Fernsehen	16,7	33,3	26,9	23,1
Radio	32,7	39,2	13,1	15,0
Persönliche Gespräche	38,9	29,5	16,1	15,4
Zeitschriften	37,8	31,5	23,6	7,1
Internet	83,3	8,8	6,9	1,0
Anderes	60,0	20,0	8,0	8,0

Die Summe der Nutzungsfrequenzen für ein Medium stellt 100 Prozent dar. Rundungsfehler bzw. geringfügige Abweichungen aufgrund von Antwortverweigerungen sind aber jeweils möglich.

Es ergibt sich die naheliegende Frage nach einem Zusammenhang des politischen Informationsverhaltens mit realen Verhaltensweisen im politischen Alltagsleben. Von den TeilnehmerInnen im Universitätslehrgang Politische Bildung/*Master of Advanced Studies (Civic Education)* stimmen in Summe 60,4 Prozent der Aussage vollkommen oder weitgehend (jeweils 30,2 Prozent) zu, dass die Entscheidung eine bestimmte Partei zu wählen – oder nicht zu wählen – von der Politikberichterstattung über die Parteien in den Medien abhängig ist. Lediglich 6,9 Prozent können sich mit einer solchen Aussage überhaupt nicht identifizieren. Der Rest war unentschieden (20,8 Prozent) oder meinen, die Aussage würde kaum zutreffen (11,9 Prozent). Gleichzeitig zeigt sich die zentrale Bedeutung des Fernsehens in einer modernen Kommunikationsgesellschaft: 45,5 Prozent stimmen vollständig bzw. weitgehend zu, dass ihre Wahlentscheidung von den Aussagen der SpitzenpolitikerInnen in Fernseh-(Live-)-Diskussionen und Interviews abhängig ist. Nur 14,0 Prozent hingegen richten sich zumindest großteils nach solchen Aussagen im Rahmen von traditionellen Wahlveranstaltungen. Selbstverständlich erklärt sich diese Zahl sowohl durch die Glaubwürdigkeit des Fernsehens („Es stimmt, weil er/sie es im Fernsehen gesagt hat!") als auch durch die Tatsache, dass eine interpersonale Kommunikation im Vergleich zur medial vermittelten Kommunikation quantitativ in den Hintergrund tritt. Alle befragten Personen haben Aussagen von SpitzenpolitikerInnen im Fernsehen gesehen bzw. gehört, während nur ein geringer Teil überhaupt eine Wahlveranstaltung besucht hat. Im Umkehrschluß zeigt das die bekannte Tatsache, dass spätestens seit den neunziger Jahren Wahlkampagnen nahezu ausschließlich als hochprofessionelle Medienwahlkämpfe abgewickelt werden (müssen).

Andere Wahlmotive als die Quantität und Qualität von Medienauftritten für/gegen eine Partei sind demgegenüber deutlich geringer ausgeprägt: Knapp ein Viertel trifft seine Wahlentscheidung mangels sinnvoller Alternativen zur bislang gewählten Partei. Weniger als die Hälfte läßt sich von Gesprächen bzw. Diskussionen im FreundInnen- bzw. Bekanntenkreis beeinflussen. Die Befolgung einer Empfehlung ohne Diskurs, beispielsweise ein Wahlverhalten nach Anleitung des jeweiligen Familienoberhaupts, ist unter den politikinteressierten TeilnehmerInnen im Universitätslehrgang Politische Bildung/*Master of Advanced Studies (Civic Education)* kaum verbreitet. Ein verhältnismäßig hoher Prozentsatz, nämlich ebenfalls fast 50 Prozent, trifft eine strategische Wahlentscheidung, d.h. diese Personen wollen unabhängig von ihrer primären Sympathie für eine Partei durch ihre Stimme eine bestimmte Regierungskoalition o.ä. fördern oder verhindern. Allerdings dürfte der relativ hohe Wert infolge der besonderen Bedeutung der Österreichischen Nationalratswahl 1999 – der Erhebungszeitraum fiel in die Zeit der anschließenden Regierungsbildung bzw. die ersten Monate der neugebildeten ÖVP-/FPÖ-Koalition – als Auslöser eines Wechsels der Koalitionsform bzw. einer Regierungspartei erklärbar sein. Bemerkenswert hoch ist der Anteil jener Personen, die ihre Wahlentscheidung von Ideen, Forderungen und Vorschlägen einer Partei abhängig machen. Unklar bleibt, ob es sich dabei um grundlegende Programme – etwa Parteiprogramme/Resolutionen o.ä. – oder (wahrscheinlicher) konkret als „Wahlversprechen" um politische Ankündigungen in der Vorwahlzeit handelt.

Abbildung 49: Parteipräferenz für Wahlen und mediale Berichterstattung

Meine Entscheidung, eine bestimmte Partei zu wählen, hängt von der Medienberichterstattung über die Parteien ab:	*Häufigkeit*	*Prozent*	*Kumulierte Prozente*
trifft zu	48	30,2	30,2
trifft weitgehend zu	48	30,2	60,4
unentschieden	33	20,8	81,1
trifft kaum zu	19	11,9	93,1
trifft überhaupt nicht zu	11	6,9	100,0
Gesamt	159	100,0	

Abbildung 50: Faktoren der Wahlentscheidung für LehrgangsteilnehmerInnen

Meine Entscheidung, eine bestimmte Partei zu wählen, hängt ab von:	*Zustimmung in Prozent (vollständige/weitgehende Zustimmung)**
Ideen/Forderungen/Vorschläge einer Partei vor der Wahl	62,1 (34,6/27,5)
Strategischen Gründen	48,8 (20,6/28,2)
Aussagen von SpitzenpolitikerInnen in Fernseh-Live-Diskussionen und Interviews	45,5 (16,9/28,6)
Diskussionen mit Freunden/Bekannten/Arbeitskollegen	43,7 (18,5/25,2)
... dass ich früher dieselbe Partei gewählt habe und keine Alternative finde	24,3 (16,2/8,1)
Aussagen der SpitzenpolitikerInnen auf Wahlveranstaltungen	14,0 (6,0/8,0)
Empfehlungen von Familienmitgliedern	6,3 (2,1/4,2)

Die angegebene Prozentzahl der befragten Personen bejahte die jeweiligen Aussage durch Ankreuzen der Kategorien „trifft zu" bzw. „trifft weitgehend zu". Die restlichen – in der Tabelle nicht angeführten – Kategorien auf einer fünfteiligen Skala waren „unentschieden", „trifft kaum zu" und „trifft überhaupt nicht zu". Die einzelnen Aussagen wurden gesondert abgefragt, so dass Mehrfachantworten möglich waren.

Das Beispiel der österreichischen Nationalratswahlen 1999 zeigt gleichermaßen für die allgemeine Bevölkerung, dass die Entscheidung der WählerInnen primär über Medien zu beeinflussen ist. Ende August, d.h. ein Monat vor dem Wahltag am 3. Oktober 1999, war etwa ein Drittel der Wählerschaft unentschlossen und bekundete mit großer Mehrheit, ihre Entscheidung von Mediendiskussionen und -berichten über SpitzenkandidatInnen und Parteien abhängig zu machen. 71 bzw. 70 Prozent wollten aufgrund von Aussagen der SpitzenpolitikerInnen und/oder aufgrund von Berichten über Parteien im Fernsehen entscheiden. Die Distanz zu anderen Entscheidungskriterien – inhaltliche Beiträge der Parteien (39 Prozent), Meinungen im Bekanntenkreis (33 Prozent), Stammwählerschaft (28 Prozent) usw. – ist signifikant.

Ein absoluter Vergleich der Umfragedaten für das vorliegende Projekt und der Meinungsumfragen in der Gesamtbevölkerung wäre aufgrund der unterschiedlichen Erhebungszeiträume und der nicht nur hinsichtlich des sozialen Profils divergierenden Grundgesamtheit problematisch. Die Umfrage für die Gesamtbevölkerung bezog sich außerdem auf unentschlossene Wahlberechtigte knapp vor einem tatsächlichen Wahlgang *(Undecided Voters)*, während die TeilnehmerInnen im Universitätslehrgang Politische Bildung/*Master of Advanced Studies (Civic Education)* nach einer Wahl, für die sie bereits eine Entscheidung getroffen hatten, befragt wurden. Nichtsdestoweniger ist eine Gegenüberstellung des Zahlenmaterials von Interesse: Die bedeutendste Gemeinsamkeit ist die zentrale Bedeutung von Medienberichten – sowohl als Politikberichterstattung über Parteien als auch hinsichtlich des Auftretens ihrer RepräsentantInnen in den Medien – als primärer Faktor der Wahlentscheidung. Annähernd gleich ist auch die geringe Wertigkeit von traditionellen Wahlveranstaltungen und der dortigen Präsenz von PolitikerInnen. Ansonsten jedoch zeigen sich für die LehrgangsteilnehmerInnen, hauptsächlich LehrerInnen, als Auffälligkeiten, dass sie:

- den Ideen, Forderungen und Vorschlägen von Parteien einen höheren Stellenwert einräumen,
- in deutlich höherem Ausmaß dazu tendieren, strategische Wahlentscheidungen zu treffen, sowie
- vermehrt auf Diskussionen mit FreundInnen und Bekannten, aber weniger auf unmittelbare Wahlempfehlungen im Verwandtenkreis hören.

Abbildung 51: Entscheidungskriterien von unentschlossenen WählerInnen vor den österreichischen Nationalratswahlen 1999

Wovon wird ihre Entscheidung, eine Partei zu wählen, abhängen?	*Angaben in Prozent (Mehrfachnennungen möglich)*
Aussagen der Spitzenpolitiker in Live-TV-Diskussionen und Interviews	71
Berichte über die Parteien und ihre Programme in den Medien	70
Ideen/Forderungen/Vorschläge einer Partei vor der Wahl	39
Diskussionen mit FreundInnen/Bekannten/ArbeitskollegInnen	33
Früher gewählt, keine Alternative gefunden	28
Aussagen der SpitzenpolitikerInnen bei Wahlveranstaltungen	23
Strategische Gründe (etwa bestehende Koalition verhindern o.ä.)	21
Empfehlungen anderer Familienmitglieder	15

Basis waren WählerInnen, die als Befragte Personen angegeben hatten, „sich noch nicht sicher zu sein, welche Partei sie wählen werden" .

Quelle: Integral, August 1999.

4.2.1 LehrerInnen und Internet

Politische Information der LehrerInnen durch neue Informations- und Kommunikationstechnologien *(Information and Communication Technologies/ICTs)* bzw. ICT-Kompetenz und Qualifikation der LehrerInnen sind Voraussetzung für eine Vermittlung solcher Fähigkeiten im schulischen Unterricht und für Maßnahmen gegen die Wissenskluft und eine digitale Klassengesellschaft. Für Vergleichszwecke wurden Daten von TeilnehmerInnen an einem speziellen Medienpolitik-Seminar des Lehrgangs, von AHS/BMHS-LehrerInnen als TeilnehmerInnen an Fortbildungsseminaren des Pädagogischen Instituts Oberösterreichs, und von StudentInnen der Politikwissenschaft herangezogen.

Sogar für LehrerInnen, die zumindest theoretisch einen *Master of Advanced Studies (Civic Education)* für Politische Bildung anstreben, ist das *Internet* weder vorwiegende Informationsquelle noch ist eine Mehrheit regelmäßig *online*, um sich politisch zu informieren. Fast 53 Prozent informieren sich niemals via ICTs über Politik, während lediglich knapp über 30 Prozent täglich oder regelmäßig, d.h. mehrmals wöchentlich, *online* Politiknachrichten lesen. Zusätzlich ist das *Internet* für nur etwa 10 Prozent die wichtigste Informationsquelle. Begleitinterviews zeigten, dass eine Nutzung des *Internets* für politische Partizipation nahezu gar nicht geschieht.

Von jenen LehrerInnen, die im Rahmen des MAS-Programms Politische Bildung ein spezielles Seminar Medienpolitik besuchten, nutzen 60 Prozent ICTs nicht, um sich politisch zu informieren. Ebenfalls 30 Prozent waren zumindest mehrmals wöchentlich für politische Informationen *online*, etwa 13 Prozent – 16 Prozent als zu Kontrollzwecken nach der Vorwoche gefragt wurde – fast täglich. Für knapp 20 Prozent war das *Internet* politische Primärquelle. Aufgrund des Status der LehrerInnen als Hauptgruppe – 241 von 272 befragten Personen – ergeben sich keine Abweichungen dieser Zahlen von den Daten für die Grundgesamtheit. Ein Vergleich mit der „Restgruppe" ist kaum möglich, da das Spektrum der in dieser vertretenen Berufe zu unterschiedlich ist bzw. sonstige Berufe im Regelfall nur durch ein bis fünf TeilnehmerInnen repräsentiert werden.

Besonders auffallend ist, dass in der Vergleichsgruppe von „Nicht Lehrgang" -LehrerInnen an Allgemeinbildenden Höheren Schulen (AHS) und Berufsbildenden Mittleren und Höheren Schulen (BMHS) weniger als drei Prozent ICTs täglich für politische Informationen nutzen, und 27 Prozent lediglich zwei- bis dreimal im Monat *online* sind, um Nachrichten über Politik zu erhalten. Auch die Bedeutung des *Internets* als Primärquelle ist nicht sonderlich hoch. Aufgrund der im Regelfall quantitativ und qualitativ schlechteren ICT-Ausstattung von Volks-, Haupt- und Sonder- bzw. Polytechnischen Schulen (Allgemeinbildende Pflichtschulen/APS) kann vermutet werden, dass APS-LehrerInnen ICTs noch seltener politisch nutzen. Eine überdurchschnittliche Privatnutzung als Ausgleich ist kaum zu erwarten, u.a. weil APS und demzufolge die Wohnorte der LehrerInnen häufiger von Ballungszentren und ICT-Einwahlknoten entfernt sind.

Abbildung 52: Politisches ICT-Informationsverhalten von LehrerInnen

	LehrerInnen Politische Bildung n = 241	*LehrerInnen Medienpolitik* n = 31	*Vergleichsgruppe LehrerInnen (AHS/BMHS)* n = 38	*Vergleichsgruppe StudentInnen (Politikwissenschaft)* n = 39
So oft bin ich online, um Nachrichten über Politik zu erhalten*:				
(fast) täglich	7,2	13,3	2,7	2,6
regelmäßig	9,4	6,7	8,1	15,4
manchmal	14,5	10,0	10,8	28,2
selten	15,9	10,0	27,0	28,2
(fast) nie	52,9	60,0	51,4	25,6
Ich verfolge die Politikberichterstattung im Internet (fast) täglich:				
ja	12,1	16,1	2,6	10,3
nein	87,9	83,9	97,4	89,7
Meine vorwiegende Informationsquelle ist das Internet:				
trifft zu	10,6	18,5	8,6	5,6
trifft weitgehend zu	7,3	3,7	5,7	22,2
unentschieden	18,7	18,5	8,6	16,7
trifft kaum zu	16,3	7,4	25,7	27,8
trifft überhaupt nicht zu	47,2	51,9	51,4	27,8
Für die politische Informationssuche im Internet verwende ich täglich im Durchschnitt:				
0-15 Minuten	85,2	90,0	78,6	78,9
15-29 Minuten	8,6	10,0	21,4	15,8
30- Minuten	6,2	0,0	0,0	5,3

(fast) täglich = mindestens 4-5x/Woche, regelmäßig = 2-3x/Woche, manchmal = höchstens 1x/Woche, selten = höchstens 2-3x/Monat; Angaben in Prozent.

Nach dem Schultyp ergeben sich weniger siginifikante Unterschiede der ICT-Nutzung. Auffallend ist lediglich, dass LehrerInnen von „anderen“ Schultypen das *Internet* überverhältnismäßig oft nutzen. Obwohl lediglich 15,6 Prozent aller TeilnehmerInnen, repräsentierten diese LehrerInnen 35,7 bzw. 27,3 Prozent jener Personen, welche der Aussage, das *Internet* wäre die vorwiegende politische Informationsquelle, vollständig oder weitgehend zustimmten. Allerdings erklärt sich die Abweichung aus der in anderem Zusammenhang angesprochenen starken Präsenz von LehrerInnen an Pädagogischen Instituten/Pädagogischen Akademien, wo ICTs im hochschulähnlichen Betrieb einen höheren Stellenwert haben. Die fehlenden Nennungen für eine Zustimmung der Nutzung des *Internets* als vorwiegende Informationsquelle im BMHS-Bereich – demnach würde kein Lehrer aus Berufsbildenden Mittleren und Höheren Schulen primär das Internet für politische Informationsvermittlung rezepieren – sind teilweise erklärbar, weil selten LehrerInnen an Höheren Technischen Lehranstalten den Universitätslehrgang Politische Bildung/*Master of Advanced Studies (Civic Education)* besuchen, sondern unter den befragten Personen zumeist LehrerInnen (v.a. auch humanistischer Fächer) an kaufmännischen Schulen waren. Nichtsdestoweniger und trotz Berücksichtigung niedriger Werte in absoluten Zahlen ist das Ergebnis bemerkenswert. Die Zahl der teilnehmenden VolksschullehrerInnen ist für generalisierende Feststellungen zu klein. Bei Hauptschul- und AHS-LehrerInnen gibt es keine besonderen Auffälligkeiten in Relation zum Anteil dieser Gruppen an der Grundgesamtheit.

Abbildung 53: Nutzung des Internets als politische Informationsquelle von LehrerInnen nach Schultyp

Meine vorwiegende Informationsquelle für Politik ist das Internet *(Anzahl der Antworten in Prozent)*:	*Volksschule*	*Hauptschule*	*AHS*	*BMHS*	*Andere*	*Gesamt*
trifft zu		28,6	35,7		35,7	100,0
trifft weitgehend zu	9,1	36,4	27,3		27,3	100,0
unentschieden		24,0	36,0	24,0	16,0	100,0
trifft kaum zu		33,3	33,3	20,8	12,5	100,0
trifft überhaupt nicht zu	7,5	25,4	34,3	22,4	10,4	100,0
Gesamt	4,3	27,7	34,0	18,4	15,6	100,0

Mit anderen Worten: Gegenwärtig ist das Potential von ICTs für die politische Bildungsarbeit in Österreich beschränkt, weil LehrerInnen traditionelle Medien – insbesondere Tageszeitungen und das Fernsehen – als zentrales Element der politischen Informationsvermittlung ansehen und, so das Ergebnis von Begleitinterviews, ihre Unterrichtsarbeit aus dieser Sicht gestalten.

Allerdings unterscheiden sich die Nutzungsdaten der LehrerInnen nicht wesentlich von einer studentischen Vergleichsgruppe, gebildet von TeilnehmerInnen an einem Seminar Jugend und Politik im Rahmen der Studienrichtung Politikwissenschaft an der Universität Innsbruck, obwohl StudentInnen im Vergleich zur Gesamtbevölkerung ICTs überdurchschnittlich nutzen. Für alle untersuchten Gruppen gilt, dass ICTs von der überwiegenden Mehrheit für Kurzinformationen genutzt werden, d.h. die für politische Informationssuchen aufgewendete Zeit im Tagesdurchschnitt unter 15 Minuten beträgt, so dass die Vermittlung tiefergehender Hintergrundinformationen über politische Zusammenhänge offensichtlich nicht erfolgt und allein aus Zeitgründen nicht möglich wäre.

4.2.2 Internationale Vergleichsdaten

In den EU-Mitgliedstaaten sehen durchschnittlich 69 Prozent täglich Fernsehnachrichten. Weitere 19 Prozent sehen mehrmals wöchentlich politische Nachrichtensendungen. Überdurchschnittlich sind vor allem die Werte für Finnland (85 Prozent), Italien (80 Prozent) und Schweden (74 Prozent). Am seltensten, nämlich täglich nur von 52 und 50 Prozent, werden Fernsehnachrichten in Belgien und Frankreich gesehen. Sechs von 10 EU-BürgerInnen lesen jeden Tag (43 Prozent) oder mehrmals wöchentlich (17 Prozent) die Nachrichten in Tageszeitungen. Neuerlich nehmen Finnland und Schweden mit 74 bzw. 73 Prozent führende Positionen ein. Das Schlusslicht bilden die südlichen Mitgliedstaaten Spanien, Portugal und Griechenland, wo nur 26, 18 bzw. 15 Prozent die Politikberichterstattung in Zeitungen täglich verfolgen. Der Hörfunk wird als politische Informationsquelle in der EU von 41 Prozent täglich und von weiteren 17 Prozent mehrmals wöchentlich genutzt. Der Anteil jener Personen, die selten oder nie Politikberichte in Zeitungen lesen bzw. Radionachrichten hören, ist relativ hoch.[20]

Abbildung 54: Mediennutzung in den EU-Mitgliedstaaten, 1999

Ich lese/sehe/höre ... *(EU 15)*	**Informationsquelle Tageszeitung**	**Informationsquelle Fernsehen**	**Informationsquelle Radio**
Jeden Tag	43	69	41
Mehrmals in der Woche	17	19	17
1-2 mal in der Woche	14	7	9
Seltener	13	3	17
Nie	13	2	16

Angaben in Prozent.
Quelle: Eurobarometer Nr. 52, April 2000 (Umfragedaten von Oktober bis November 1999). Verfügbar unter: http://europa.eu.int/comm/dg10/epo/eb/eb52/eb52_de.pdf

Das Mediensystem der USA repräsentiert das marktwirtschaftliche Modell öffentlicher Kommunikation, das durch weitgehende Staatsferne und ein Primat des ökonomischen Kalküls charakterisiert ist. Das Medium Fernsehen hat die Tageszeitung als primäre politische Informationsquelle abgelöst. Mittlerweile beziehen 72 Prozent der US-BürgerInnen ihre politischen Informationen vorwiegend aus dem Fernsehen, jedoch – mit der Möglichkeit von Mehrfachnennungen – nur 38 Prozent aus Tageszeitungen. 1959 waren Tageszeitungen noch die wichtigste Informationsquelle für Politik und führten gegenüber dem Fernsehen mit 57 zu 51 Prozent. Seitdem haben sich als politische Primärquellen jeweils linear die Bedeutung des Fernsehens erhöht bzw. die Bedeutung der Tageszeitungen verringert. Das Radio verlor ebenfalls seine Wichtigkeit, während der Wert für Magazine bzw. Zeitschriften sowie persönliche Gespräche annähernd konstant geblieben ist.

Das Fernsehen verfügt außerdem über die höchste (relative) Glaubwürdigkeit als politisches Informationsmedium. 51 Prozent der US-AmerikanerInnen halten das Fernsehen, das deutlich vor den Tageszeitungen (21 Prozent) rangiert, für besonders glaubwürdig. 1959 waren beide Medien als annähernd gleichermaßen glaubwürdig in der politischen Informationsvermittlung eingeschätzt worden. Die Zuwachs- bzw. Verlustraten in Prozentpunkten entsprechen den Werten für die gestiegene/gesunkene Wichtigkeit von Fernsehen und Zeitung. Das Radio konnte zuletzt an Glaubwürdigkeit gewinnen. Für Zeitschriften und Gespräche gibt es keine auffallenden Veränderungen.

Abbildung 55: Politische Informationsquellen in den USA 1959-1994

in Prozent **beziehen ihre politischen Informationen vorwiegend aus:** *(Mehrfachnennungen)*	**Fernsehen**	**Zeitungen**	**Radio**	**Magazine**	**Gespräche**
1959	51	57	34	8	4
1968	59	49	25	7	5
1978	67	49	20	7	5
1988	65	42	14	4	5
1992	69	43	16	4	6
1994	72	38	18	8	-

Quellen: William G. Mayer: Trends in Media Usage. In: Public Opinion Quarterly, 57 (4) 1993, S. 603/604; Harold W. Stanley/Richard G. Niemi: Vital Statistics on American Politics. Washington D.C. 19955. S. 68.

Abbildung 56: Subjektive Glaubwürdigkeit der Massenmedien in den USA 1959-1994

in Prozent **halten für am glaubwürdigsten:**	**Fernsehen**	**Zeitungen**	**Radio**	**Magazine**
1959	29	32	12	10
1968	44	21	8	11
1978	47	23	9	9
1988	49	26	7	5
1994	51	21	8	5

Quelle: Harold W. Stanley/Richard G. Niemi: Vital Statistics on American Politics. Washington D.C. 1995[5]. S. 68.

Das US-amerikanische Beispiel zeigt, dass das politische Informationsverhalten in modernen Gesellschaften durch einen häufigeren und längeren Fernseh- als Zeitungskonsum gekennzeichnet ist. Regelmäßig (jedoch nicht täglich) sehen 80 Prozent der US-Bevölkerung Nachrichtensendungen im Fernsehen, während lediglich 68 Prozent Zeitungen lesen. Die relative Mehrheit der FernsehzuseherInnen widmet Nachrichtensendungen mehr als 60 Minuten ihrer Zeit, ZeitungsleserInnen weisen nach den absoluten Zahlen kürzere Aufmerksamkeitsmuster auf.

Als Spezifikum der USA, wo die Lokalpolitik im Vergleich zur Regional- und Bundespolitik einen höheren Stellenwert besitzt, ist die führende

Position von Lokalnachrichten zu erklären. 86 Prozent der US-AmerikanerInnen verfolgen zumindest manchmal lokale Nachrichtenprogramme im Fernsehen. Immerhin 57 Prozent sehen die Sendungen des auf bundesweite Nachrichten aus allen Bereichen (Politik, Wirtschaft, Sport usw.) konzentrierten Programms *Cable Network News (CNN)*, während der politische Spartensender *C-SPAN* – mit dem Schwerpunkt der Übertragung von Kongresssitzungen, Pressekonferenzen von MandatarInnen, Analysen des bundespolitischen Prozesses o.ä. – geringere ZuseherInnenzahlen aufweist.

Abbildung 57: Politisches Informationsverhalten in den USA

in Prozent ...	**eine Tageszeitung**	**ein Fernsehnachrichtenprogramm**
Regelmäßig lesen/sehen ...	68	80
Gestern lasen/sahen ...	47	60
für weniger als 15 Minuten	8	3
für 15 bis 29 Minuten	14	7
für 30 bis 59 Minuten	17	21
für mehr als 1 Stunde	9	28

Quelle: Pew Research Center: Biennial News Consumption Survey. Washington D.C. 1998. Rundungsfehler sind möglich.

Abbildung 58: Häufigkeit des Fernsehens von Abendnachrichten in den USA

in Prozent **sehen:**	**Abendnachrichten**	**Lokalnachrichten**	**CNN**	**C-SPAN**
regelmäßig	38	64	23	4
manchmal	29	22	34	19
(sehr) selten	15	6	13	18
nie	18	8	30	58

Quelle: Pew Research Center: Biennial News Consumption Survey. Washington D.C. 1998.

Abbildung 59: Trends im ZuseherInnenverhalten von Nachrichtensendungen in den USA

in Prozent aller **Fernsehzuseher von Abendnachrichten sahen:**	*1998*	*1996*	*1995*	*1993*
regelmäßig	38	42	48	60
manchmal	29	29	28	28
(sehr) selten	15	15	14	5
nie	19	14	10	7

Quelle: Pew Research Center: Biennial News Consumption Survey. Washington D.C. 1998.

Ein exponentielles Wachstum erfährt in den USA das *Internet* als Instrument der politischen Kommunikation. Die Durchdringung der Gesellschaft durch das *Internet* umfaßt keinesfalls allein den beruflichen Bereich, denn zunehmend sind auch Haushalte *online* und verfügen über private *email*-Adressen. In den USA verfügen im Jahr 2000 51 Prozent der Bevölkerung über die Möglichkeit eines *Internet*-Zugangs. 1998 waren bereits 20 Prozent der US-Amerikaner regelmäßig zur Nachrichtenbeschaffung *online*. Gegenüber 1995 (vier Prozent) bzw. 1996 (sechs Prozent) bedeutete das eine Vervielfachung. Etwa 40 Prozent suchten 1998 im *Internet* zumindest gelegentlich nach Politiknachrichten. Die Häufigkeit der Nachrichtenbeschaffung differierte innerhalb dieser Gruppe zwischen täglich und seltener als einmal in mehreren Wochen.

Abbildung 60: Politisches Informationsverhalten im Internet, USA 1998

Goes Online to Get (Political) News:	*1998*
Every Day	18
3-5 Days A Week	17
1-2 Days A Week	20
Once Very Few Weeks	15
Less Often	21

Quelle: Pew Research Center: Biennial News Consumption Survey.
Washington D.C. 1998.

Für das Jahr 2000 zeigt eine Umfrage und Studie der *University of California Los Angeles (UCLA) – Center for Communications Policy* nach, dass – wenn die Mehrfachnennungen sich nicht ausschließlich auf politische Informationen, sondern auf Informationen aller Art beziehen – Bücher (70,2 Prozent) und Zeitungen (67,9 Prozent) als sehr wichtige Informationsquelle angesehen werden und sogar vor dem Fernsehen (59,6 Prozent) rangieren. Gleichzeitig verfügen auch das Radio und der Magazinjournalismus, obgleich zurückliegend, über relativ hohe Wichtigkeitswerte im Bereich von über 50 bzw. 40 Prozent. Das *Internet* ist schwierig einzuordnen, da der Durchschnittswert von 46,8 Prozent eine starke Differenz zwischen NutzerInnen (67,3 Prozent) und Nicht-NutzerInnen (25,9 Prozent) beinhaltet. Für ICT-NutzerInnen sind außerdem Printmedien als weitere Informationsquelle wichtiger, Fernsehen und Radio jedoch um mehr als 10 Prozentpunkte weniger wichtig als für Nicht-NutzerInnen.[21]

Abbildung 61: Subjektive Bedeutung von medialen Informationsquellen in den USA, 2000

How important are these sources of information to you?	**Büche r**	**Zeitungen**	**Fernsehen**	**Radio**	**Internet**	**Maga-zine**
Percentage of People responding „important" or „extremely important"	70,2	67,9	59,6	51,1	46,8	42,9
Percentage of People responding „not important"or „not particulary important"	11,0	12,5	14,2	20,7	30,2	24,3

Quelle: University of California Los Angeles (UCLA) – Center for Communications Policy
Die fehlenden Restwerte auf 100 Prozent resultieren aus der Zahl jener Befragten Personen, die keine Angaben machten.

4.3 Theoretische und praktische Schlussfolgerungen

Abschließend sollen, über den unmittelbaren Anlaßfall des Evaluationsprojekts hinaus, eine allgemeine Conclusio bzw. Thesen und Prognosen dargestellt werden. Praktisch ergeben sich als Entwicklungen des politischen Informationsverhaltens in Mediendemokratien folgende Phänomene, die auch in Österreich und im Bereich Politische Bildung tätige Personen vermutet werden können, allerdings unterschiedlich stark ausgeprägt sind. Die USA dient als Musterbeispiel einer zunehmend „entpolitisierten" Tele- bzw. Mediendemokratie, während in Österreich das politische Informationsverhalten durch höhere Intensität und auch relative Kritikfähigkeit gekennzeichnet ist.

- Die Zahl der regelmäßigen ZuseherInnen von (Abend-)Nachrichtensendungen nimmt ab; gleichzeitig erhöht sich der Zahl jener Personen, die niemals Nachrichtensendungen im Fernsehen verfolgen, so dass eine Politik- und/oder Medienverdrossenheit indiziert werden kann (Steigerungsraten kann allein der Nachrichtenkonsum *online*, d.h. mittels *Internet*, verzeichnen). Für Österreich und vor allem die LehrgangsteilnehmerInnen gilt, dass die ZuseherInnenzahl von Politiknachrichten bzw. auch die LeserInnenzahl der Politikberichterstattung in Tageszeitungen sich weniger dramatisch verringert, jedoch im Gegenzug das *Internet* als politische Informationsquelle noch kaum Bedeutung hat.
- Bei einer quantitativen Analyse des politischen Informationsverhaltens via Massenmedien ist weiters zu bedenken, dass *soft news* (auch im Vergleich zu politischen *hard news*) ein außerordentlich hoher Stellenwert eingeräumt wird; diese Entwicklung zeigt sich nicht allein im Fernsehpublikum, auch unter den regelmäßigen TageszeitungsleserInnen. Am auflagenstärksten sind Tageszeitungen, die – siehe *USA Today* bzw. in Österreich zwischenzeitlich *Täglich Alles* (mittlerweile eingestellt) und teilweise die *Kronen Zeitung* – ähnlich einem bunten Fernsehmagazin gestaltet werden, während die klassische und detaillierte Berichterstattung unter Verzicht auf Mehrfärbigkeit usw. als Stilmittel weniger LeserInnen findet.[22]
- Feststellbar ist eine starke „Ereignisbezogenheit" *(event driven TV-news consumption)*, nachdem nationale und internationale Nachrichten von der Öffentlichkeit lediglich im Fall besonderer Vorkommnisse verfolgt werden; für die Politik bzw. insbesondere bundespolitische Interessen

ergibt sich dadurch auch in Österreich die logische Konsequenz, andernfalls über ein perfektes Themen- und Ereignismanagement sowie eine Kontrolle der massenmedialen Berichterstattung *(spin control)* zu verfügen und Pseudo-Ereignisse *(pseudo events; visuals)* produzieren zu müssen. Diese haben, um die Rezipienten tatsächlich anzusprechen, eine professionelle Dramaturgie aufzuweisen, weil viele ZuseherInnen TV-Sendungen mit der Fernbedienung in den Händen verfolgen und ihr Fernsehgerät nicht für spezifische Sendungen, sondern für *channel hopping („just watch TV/flip around")* einschalten.

- Der politische Wettbewerb ist als „selbstreferentielles Thema" im Vergleich zu den Politikinhalten zumindest gleichwertig, d.h. *policy issues* (Positionen von Kandidaten oder Parteien zur Wirtschafts-, Sozial-, Bildungspolitik usw.) stehen nur kurzfristig im Mittelpunkt der Fernsehberichterstattung, während ansonsten mehrheitlich die Inhalte von Wahlkampagnen *(campaign issues – „politics as strategic game")* und im Stil von Sportsendungen der Wahlkampfverlauf *(„horse race")* Nachrichtenwert besitzen; die Grenzen zwischen Entscheidungs- und Darstellungspolitik *(policy-making* und *news-making)* werden dadurch diffuser.[23]

TeilnehmerInnen an Fortbildungsprogrammen für Politische Bildung sind, wie alle BürgerInnen, mit den skizzierten Phänomenen konfrontiert, ohne sie grundlegend beeinflussen oder gar verhindern zu können. Entscheidend ist daher, inwieweit ein kritisches Bewusstsein geschaffen werden kann. Als Modell für den Zusammenhang von Mediennutzung und Politischer Bildung in modernen Kommunikationsgesellschaften kann folgendes Bild skizziert werden:[24] Theoretisch können für den politischen Diskurs von kompetenten BürgerInnen via Medien idealtypische Szenarien der Demokratiequalität entworfen werden. Politische Bildung im Unterricht und mit Unterrichtsmaterialien (Bücher) ist systematisches Lernen. Politische Bildung mit Medien innerhalb und außerhalb von Bildungsinstitutionen wäre demgegenüber informelles und selbstgesteuertes Lernen. BürgerInnen bzw. „SchülerInnen" (Jugendliche und in der Erwachsenenbildung) lernen dadurch erstens, aktiv nach Wissen zu suchen. Zweitens wird gelernt, das Wissen auch im gesellschaftlichen Alltag anzuwenden. Drittens lernen StaatsbürgerInnen, selbstproduzierte Informationen als politische Anliegen über Medien mitzuteilen. Diese Fertigkeiten entsprechen Schlüsselqualifikationen für eine moderne Demokratie, welche sich durch eine starke Zivilgesellschaft *(civil society)* auszeichnet.

Das politische Nachfrage- und Bildungspotential für Medien ist jedoch abhängig von[25]

- Technischen Voraussetzungen, sowie von
- der einfachen und kostengünstigen Verfügbarkeit bzw. Handhabbarkeit aller Technikressourcen (vom Kabelfernsehen bis zum ICT-Zugang),
- der Motivation von Bürgern und dem subjektiv wahrgenommenen Nutzwert, und
- der fachlichen Kompetenz für die Mediennutzung.

Abbildung 62: Strukturzusammenhänge von Informationstechnologien und Politischer Bildung

	Technische Voraussetzungen	
↙		↘
(Kollektive) Ressourcen für Medienzugang und -nutzung		(Kollektive) Ressourcen für Fortbildungsmöglichkeiten im Medienbereich
↓		↓
(Individuelle) Motivation und Nutzwert	→ ←	(Individuelle) Kompetenz und Qualifikation
↘		↙
	Politische Bildung via Medien	

Quelle: Überarbeitet nach Peter Filzmaier, *Netzgeneration und Politische Bildung: Wissen, Kompetenz und Qualifikation in der Cyberdemocracy als Klassengesellschaft,* in Anton Pelinka/Fritz Plasser/Wolfgang Meixner (Hg.), *Die Zukunft der österreichischen Demokratie. Trends, Prognosen und Szenarien,* Wien 2000, S. 231-254.

Zu den technischen Voraussetzungen zählen die Infrastruktur für den Informationsaustausch (Fernsehsender/Leitungsnetz usw.). Für die Bevölkerung muss es auf breiter Basis möglich sein, privat und/oder beruflich Zeitungen und Bücher zu lesen, mehrere Fernsehprogramme zu konsumieren sowie Computer zu nutzen und mit ICT-Zugängen auszustatten. Für den Bereich der traditionellen Medien ergibt sich in Österreich diesbezüglich eine positive Ausgangssituation, die allenfalls indirekt durch die hochgradige Pressekonzentration eingeschränkt wird, weil beispielsweise ausländische Tageszeitungen abgesehen von teuren Abonnements außerhalb der Großstädte und Fremdenverkehrszentren nicht überall erhältlich sind. Hingegen sind Fernsehgeräte zu einer relativ billigen und für (fast) alle ÖsterreicherInnen finanzierbaren Ware geworden. Die Programme des ORF sind überall empfangbar. Die Zahl der Haushalte mit Kabel- und/oder Satellitenempfang (KaSats) für den zusätzlichen Empfang ausländischer (vorwiegend deutschsprachiger) Programme beträgt etwa vier Fünftel, so dass von einer Erfüllung der o.e. technischen Voraussetzungen gesprochen werden kann. Differenzierter gestaltet sich die Situation im Bereich Neue Medien. Zwar steigen die Zugangsmöglichkeiten zu ICTs (nicht zuletzt aufgrund der möglichen Kombination von Kabelfernsehen und *Internet*-Zugang), doch gibt es Barrieren nach Alter, formalem Bildungsgrad und dem Haushaltseinkommen.

Für die befragten Personen des Evaluationsprojekts sind aber auch für die ICT-Mediennutzung zur politischen Bildungsarbeit sämtliche Grundvoraussetzungen gegeben, da sie nicht nur mehrheitlich kaum von den Bildungs- und Geldbarrieren betroffen sind, sondern insbesondere für LehrerInnen als Hauptzielgruppe auch der ICT-Zugang in den Schulen möglich ist. Von den Statistiken nicht erfaßt werden jedoch schulinterne Kriterien (etwa die zeitliche und inhaltliche Aufteilung der Nutzung für wenige PC-Geräte bzw. einen ICT-Anschluss im Pflichtschulbereich), welche die realen Möglichkeiten beschränken können. Nichtsdestoweniger sind die LehrgangsteilnehmerInnen trotz des unterschiedlichen Alters usw. insofern eine homogen elitäre Gruppe, als technisch die Basis für eine vollkommene Mediennutzung zur politischen Informations(weiter-)vermittlung gegeben ist.

Gleichzeitig ist ein kollektives Bildungssystem auf Basis der Chancengleichheit Grundbedingung, um Fähigkeiten zu vermitteln, die eine Ausschöpfung des technischen und inhaltlichen Potentials von Medien für die politische Bildungsarbeit ermöglichen. Individuelle Motivation und Nutzwert sowie eine umfassende Fachkompetenz *(media literacy)* stehen in engem Zusammenhang, beinhalten aber mehrere Komponenten, die in Österreich nicht allgemein vorhanden sind, nämlich erstens das Verständnis der Struktur und Funktionsformen von Medien, sowie ein kritisches Bewusstsein gegenüber Medieneinflüssen auf Gesellschaft und Individuum. Zweitens sind Fähigkeiten zur kritischen Analyse von durch Medien vermittelte Informationen (Quellenrecherche, Prüfung von Aktualität und Stellenwert, Kontrollmöglichkeiten für Richtigkeit usw.), um Gesetzmäßigkeiten der Medien und deren Einfluß auf Inhalte zu entschlüsseln, erforderlich. Die Daten aus dem Evaluationsforschungsprojekt zeigen, dass die LehrgangsteilnehmerInnen Medien intensiver und vielfältiger nutzen, doch folgt daraus nicht zwangsläufig die Möglichkeit von kontrollierenden Recherchen.

Drittens benötigen BürgerInnen einer Demokratie Fähigkeiten für eine effiziente Informationssuche und -auswahl und viertens Fähigkeiten für eine Mediennutzung als Ausdruck persönlicher Meinungen, um anstatt passiven Konsums Politik aktiv zu gestalten. Fünftens sind soziale Beteiligung und Realbegegnungen erforderlich, um Medienentwicklungen zu beeinflussen. Eine handlungsorientierte politische Bildungsarbeit in Österreich wird BürgerInnen motivieren müssen, Medien auch zu „machen". Sechstens bedarf es der Entwicklung eines ethischen Grundkonsens für politische Medieneinsätze.

Sind die von drei bis sechs aufgelisteten Punkte für LehrgangsteilnehmerInnen gegeben? Der Universitätslehrgang Politische Bildung/*Master of Advanced Studies (Civic Education)* versucht durch eine Schwerpunktsetzung – siehe beispielsweise das Wahlseminar Medienpolitik, aber auch die Themenzentrierung von Medien im Pflichtseminar Politisches Alltagsverständnis u.a. sowie ein geplantes Seminar über die Zusammenhänge von *Internet* und Demokratie – ein solches Verständnis und Bewusstsein zu schaffen. Allgemein besteht aber in Österreich bzw. im österreichischen Schulwesen kein Fortbildungssystem, dass die o.e. Fähigkeiten fördert. Die institutionalisierte Aus- und Fortbildung für LehrerInnen an Pädagogischen Akademien und Pädagogischen Instituten ist weder verpflichtend noch gibt es, unabhängig von Einzelveranstaltungen, eine systematische Berüksichtigung von Politische Bildung und Medienpädagogik in den Curricula und Programmen. Auch LehrgangsteilnehmerInnen und vor allem LehrerInnen als elitäre Gruppe sind hochgradig auf eine autodidaktische Eigeninitiative angewiesen, um eine umfassende Mediennutzungskompetenz zu erwerben und diese als MultiplikatorInnen weitervermitteln zu können.

Anmerkungen:

1 Zum Mediensystem und zur massenmedialen Politikvermittlung in Österreich vgl. u.a. Hans Heinz Fabris, *Mediatisierte Politik in den neunziger Jahren*, in Bundesministerium für Unterricht und kulturelle Angelegenheiten (Hg.), *Demokratie in der Krise - Zum politischen System Österreichs*, Wien (Informationen zur Politischen Bildung, Heft 7) 1994. S. 79-112; Johann Günther/Clemens Hüffel, *Die Massenmedien in unserer Gesellschaft. Zahlen, Daten, Fakten*, Wien 1999; Fritz Plasser, *Massenmedien und Politikvermittlung*, in Herbert Dachs u.a. (Hg.), *Handbuch des politischen Systems Österreichs. Die Zweite Republik*, Wien 1997[3], S. 464-482; Bundesministerium für Unterricht und kulturelle Angelegenheiten (Hg.), *Neue Medien und Politik*, Wien (Informationen zur Politischen Bildung, Heft 16) 1999.

2 Siehe dazu auch als anwendungsorientierten Überblick Peter Filzmaier, *Medien und politische Kommunikation*, in Bundeswirtschaftskammer/Arbeitsgemeinschaft Wirtschaft und Schule (Hg.), *Medienpaket Politische Bildung*, Wien 2000.

3 Quelle: Media-Analyse 2000, 1. Halbjahr. Siehe auch Verein Arbeitsgemeinschaft Media-Analysen, *Jahresbericht*, Wien 1998ff.. Verfügbar unter: http://www.media-analyse.co.at/

4 Als klassisches Werk dazu siehe Christopher F. Arterton, *Teledemocracy: Can Technology Save Democracy?*, London u.a. 1987.

5 Quellen: ORF-Infratest, Teletest, Integral/Fessel+GfK.

6 In Mazedonien zu berücksichtigen ist die spezifische Situation der Integrations- und Informationsfunktion des Fernsehens in einem jungen Staat, der 1998/99 mit einer aktuellen Kriegsgefahr an seiner Grenze (Krieg gegen Jugoslawien) konfrontiert war.

7 Quelle: Television *'99*, Studie der CLT-Ufa und IP.

8 Quelle: http://mediaresearch.orf.at

9 Radiotest, ebda.

10 Vgl. Andy Kaltenbrunner: *Hörfunk in Österreich: Ergänzungsheft „Privatradio"*. Arbeitsmaterialien zur Medienerziehung, hg. durch das BMUK. Wien 1998.

11 Quelle: Ludwig Boltzmann-Institut für angewandte Freizeitwissenschaft, 1998. Zit. in Günther/Hüffel 1999, S. 19.

12 Vgl. Fritz Plasser: *Massenmedien und Politikvermittlung*. In: Herbert Dachs u.a. (Hg.): *Handbuch des politischen Systems Österreichs. Die Zweite Republik*. Wien 1997[3]. S. 464-482.

13 Quelle: IFES/Fessel+GfK-Institut, Wien 1997. Hinter den Massenmedien liegen lediglich die politischen Parteien (15 Prozent), davor hinsichtlich des subjektiven Vertrauens führend sind Polizei (62 Prozent!), Gerichtswesen (60), Bundespräsident (51), Bürokratie (46), Bundesheer (44), Parlament (31), Regierung (30), Gewerkschaft (29) und Kirchen (28). Wettbewerbsorientierte Institutionen verfügen demzufolge über einen geringeren Vertrauensgrad als nicht wettbewerbsorientierte Institutionen (Polizei, Gericht, Ämter/Behörden usw.).

14 Austrian Internet Monitor (AIM) 2000. Verfügbar unter: http://mediaresearch.orf.at/internet/

15 Der Begriff ICTs bezieht sich i.d.F. auf Informations- und Kommunikationstechnologien, die auf dem Internet basieren *(World Wide Web/WWW, E-Mail, Newsgroups* usw.). Vereinfachend wird daher auch der Begriff *Internet* verwendet.

16 Vgl. Peter Filzmaier: *Die digitale Klassengesellschaft in den USA, der EU und Österreich.* In: *SWS-Rundschau*, 4 (39) 2000, S. 349-371.

17 Siehe dazu die Daten des am *Austrian Internet Monitor (AIM)* beteiligten Meinungsforschungsinstituts Integral für das erste Halbjahr 2000. Verfügbar unter: http://www.integral.co.at/jugend

18 Zur Wissenskluft-Hypothese siehe Heinz Bonfadelli, *Die Wissenskluft-Hypothese. Massenmedien und gesellschaftliche Information.* Konstanz 1994. Für ICTs befürchtet etwa Hubertus Buchstein, *Bittere Bytes: CyberBürgerInnen und Demokratietheorie*, in *Deutsche Zeitschrift für Philosophie*, Heft 4/1996, S. 583-607. 1996 eine solche Wissenskluft als Klassenteilung; zu den Klassengrenzen der Informationsgesellschaft siehe u.a. auch Michael Jäckel/Peter Winterhoff-Spurk, *Mediale Klassengesellschaft? Politische und soziale Folgen der Medienentwicklung*, München 1996.

19 Vgl. dazu ein Forschungsprojekt der Katholischen Universität Eichstätt *„Online - die Zukunft der Zeitung?“*, *http://www.ku-eichstaett.de/SLF/JOUR/projekt/*; bzw. siehe auch Christoph Neuberger u.a., *Die deutschen Tageszeitungen im World Wide Web*, in *MediaPerspektiven* 12/1997, S. 652-662.

20 Quelle: Eurobarometer Nr. 52, April 2000 (Umfragedaten von Oktober bis November 1999). Verfügbar unter:
http://europa.eu.int/comm/dg10/epo/eb/eb52/eb52_de.pdf

21 Die Studienergebnisse von *The UCLA Internet Report: Surveying the Digital Future* sind verfügbar unter: http://www.uclanews.ucla.edu/Docs/LHSL379.html sowie als Zusammenfassung unter: http://www.college.ucla.edu/InternetReport/

22 Eine Sonderstellung in den USA nimmt das *Wall Street Journal* ein, das als tägliches Wirtschaftsblatt von 16 Prozent regelmäßig gelesen wird.

23 Vgl. Ulrich Sarcinelli (Hg.): *Politikvermittlung und Demokratie in der Mediengesellschaft. Beiträge zur politischen Kommunikationskultur.* Opladen 1998.

24 Vgl. Peter Filzmaier, *Netzgeneration und Politische Bildung: Wissen, Kompetenz und Qualifikation in der Cyberdemocracy als Klassengesellschaft*, in Anton Pelinka/Fritz Plasser/Wolfgang Meixner (Hg.), *Die Zukunft der österreichischen Demokratie. Trends, Prognosen und Szenarien*, Wien 2000, S. 231-254.

25 Ebda.

5. Anhang: Fragebogen

Institut für interdisziplinäre Forschung und Fortbildung (IFF)
Universitätslehrgang Politische Bildung/MAS – Civic Education
Universität Innsbruck
Universitätsstr. 15
6020 Innsbruck

Tel. 0 512/507-7065, Fax 0 512/507-28 49
e-mail: peter.filzmaier@uibk.ac.at,
daniela.ingruber@uibk.ac.at

FRAGEBOGEN

Fragebögen auszufüllen ist meist kein großes Abenteuer. Wir sind Ihnen daher für Ihre Unterstützung sehr dankbar, weil wir auf diese Weise im Rahmen eines Evaluationsforschungsprojekts österreichweit Seminare zur Politischen Bildung miteinander vergleichen, und aufgrund Ihrer Antworten und Wünsche verbessern können.

Selbstverständlich ist die Befragung anonym und es werden alle Daten vertraulich behandelt.

Der Fragebogen umfaßt einerseits einen kleinen offenen Teil, den Sie mit eigenen Worten beantworten können, und andererseits den ersten Teil, wo wir Sie bitten, zu den gemachten Aussagen durch Ankreuzen ☑ von für Sie zutreffenden Antworten Stellung zu nehmen.

Veranstaltung:

Titel (Ort, Datum) .....

Seminarleitung und ReferentInnen:

Univ.-Prof. Dr. .....

WS 1999/2000 Datum des Fragebogens: ____________________

Zunächst einige Fragen zur Bewertung des Seminars:

1. Alles in allem hat mir das Seminar	☐ gefallen	☐ nicht gefallen

2. Meine Erwartungen wurden im großen und ganzen	☐ erfüllt	☐ nicht erfüllt

Bitte beurteilen Sie die folgenden Aussagen anhand der vorgegebenen Skala:
(1 = trifft völlig zu; 5 = trifft überhaupt nicht zu)

3. Daß mir das Seminar gefallen/nicht gefallen hat und meine Erwartungen erfüllt/nicht erfüllt wurden, lag vor allem:	**1 2 3 4 5**
an der Seminarleitung und den –ReferentInnen	☐ ☐ ☐ ☐ ☐
an der Zusammensetzung der Gruppe	☐ ☐ ☐ ☐ ☐
an meiner Rolle in der Gruppe	☐ ☐ ☐ ☐ ☐
am inhaltlichen Thema	☐ ☐ ☐ ☐ ☐
an der Aufbereitung der Inhalte	☐ ☐ ☐ ☐ ☐
am Rahmenprogramm	☐ ☐ ☐ ☐ ☐
an der allgemeinen Stimmung	☐ ☐ ☐ ☐ ☐
(1 = trifft zu; 5 = trifft überhaupt nicht zu)	

4. Struktur des Seminars:	**1 2 3 4 5**
Die Ziele des Seminars wurden ausführlich und verständlich dargelegt.	☐ ☐ ☐ ☐ ☐
Die Erwartungen gegenüber den TeilnehmerInnen und auch allfällige Leistungsanforderungen wurden ausreichend erklärt.	☐ ☐ ☐ ☐ ☐
Die Inhalte wurden logisch nachvollziehbar gegliedert.	☐ ☐ ☐ ☐ ☐
Aktuelle politische Ereignisse und/oder aktuelle wissenschaftliche Tendenzen wurden berücksichtigt.	☐ ☐ ☐ ☐ ☐
Es wurde ein sinnvoller Bezug zwischen Theorie und Praxis hergestellt.	☐ ☐ ☐ ☐ ☐
Das Seminar paßt gut in das allgemeine Programm des Universitätslehrgangs Politische Bildung. (Achtung: Nur zu beantworten, wenn bereits andere Seminare des Lehrgangs besucht wurden!)	☐ ☐ ☐ ☐ ☐
(1 = trifft zu; 5 = trifft überhaupt nicht zu)	

5. Methodik:	1 2 3 4 5
Die Inhalte wurden klar und übersichtlich aufbereitet.	□ □ □ □ □
Es gab ausreichend Raum für Diskussionen.	□ □ □ □ □
Es wurde mir viel Wissen von „Fakten“ vermittelt.	□ □ □ □ □
Es gab zu viele „Frontalvorträge“.	□ □ □ □ □
Die LV-Inhalte wurden gut verständlich weitergegeben.	□ □ □ □ □
Die Vermittlung von Arbeitsmethoden zur Umsetzung der Inhalte in meinem beruflichen Alltag hatte hohen Stellenwert.	□ □ □ □ □
Das Seminar ließ viel Platz für praktische Übungen.	□ □ □ □ □
(1 = trifft zu; 5 = trifft überhaupt nicht zu)	

6. Die Unterrichtsmaterialien:	1 2 3 4 5
Es wurden Unterlagen und Materialien (Skripten, Bücher, Kopien usw.) bereitgestellt, die ich auch nach dem Seminar lesen werde und verwenden kann.	□ □ □ □ □
Die verwendeten Unterlagen waren hilfreich, um die Inhalte des Seminars besser zu verstehen.	□ □ □ □ □
Es wurde ausreichend auf weiterführende Materialien (z.B. Literatur) verwiesen.	□ □ □ □ □
(1 = trifft zu; 5 = trifft überhaupt nicht zu)	

7. Auseinandersetzung mit den Seminar-Themen:	1 2 3 4 5
Fächerübergreifende/interdisziplinäre Verbindungen wurden hergestellt.	□ □ □ □ □
Die Seminarleitung und –ReferentInnen erschienen mir fachlich kompetent und auf dem neuesten Wissensstand zu sein.	□ □ □ □ □
Auf kritische Auseinandersetzung mit den Themeninhalten wurde Wert gelegt.	□ □ □ □ □
Die Seminarleitung und –ReferentInnen bewahrten Objektivität gegenüber verschiedenen Meinungen.	□ □ □ □ □
(1 = trifft zu; 5 = trifft überhaupt nicht zu)	

8. Interaktion	1 2 3 4 5
Die Seminarleitung und –ReferentInnen antworteten bereitwillig auf Fragen.	□ □ □ □ □
Die Seminarleitung und –ReferentInnen gingen auf spezifische fachliche Interessen der TeilnehmerInnen ein.	□ □ □ □ □
Die Seminarleitung und –ReferentInnen gaben konstruktive Rückmeldung auf Beiträge der TeilnehmerInnen.	□ □ □ □ □
Die Arbeitsgeschwindigkeit war den TeilnehmerInnen angepaßt.	□ □ □ □ □
(1 = trifft zu; 5 = trifft überhaupt nicht zu)	

Institut für interdiszplinäre Forschung und Fortbildung (IFF), Universitätslehrgang Politische Bildung/ Master of Advanced Studies (MAS) - Civic Education, Universität Innsbruck, Universitätsstr. 15, 6020 Innsbruck.., Tel. 0 512/507-70 65, Fax 0 512/507-28 49; e-mail: peter.filzmaier@uibk.ac.at

9. Lernerfolg:	**1 2 3 4 5**
Die Inhalte des Seminars waren für meinen beruflichen Alltag nützlich.	□ □ □ □ □
Mein Interesse am Thema/an den Themen hat sich verstärkt.	□ □ □ □ □
Ich habe aktiv am Unterricht teilgenommen/die angebotenen Möglichkeiten genützt.	□ □ □ □ □
Ich kann mir vorstellen, mich in diesem Themenbereich auch in Zukunft weiterzubilden.	□ □ □ □ □
(1 = trifft zu; 5 = trifft überhaupt nicht zu)	

Bei den kommenden Punkten bitten wir Sie zu beachten, daß positive und negative Aussagen nicht immer auf derselben Seite stehen, sondern gemischt worden sind!

(Achtung, nun gibt es 6 Antwortmöglichkeiten und somit keinen Mittelwert!)

10. Das Seminar war	**1 2 3 4 5 6**	
nicht lehrreich	□ □ □ □ □ □	sehr lehrreich
spannend	□ □ □ □ □ □	langweilig
schlecht strukturiert	□ □ □ □ □ □	gut strukturiert
schlecht gestaltet	□ □ □ □ □ □	gut gestaltet
praxisnah	□ □ □ □ □ □	praxisfern
zu theoretisch	□ □ □ □ □ □	zu wenig theoretisch
nicht anregend	□ □ □ □ □ □	sehr anregend

11. In diesem Seminar waren	**1 2 3 4 5 6**	
die Zusammenhänge nicht erkennbar	□ □ □ □ □ □	die Zusammenhänge klar erkennbar
die Anforderungen zu hoch	□ □ □ □ □ □	die Anforderungen zu gering
die Inhalte zu umfangreich	□ □ □ □ □ □	die Inhalte im Umfang passend
die Ziele ersichtlich	□ □ □ □ □ □	die Ziele unklar

12. Die Arbeitsformen waren	**1 2 3 4 5 6**	
zielorientiert	□ □ □ □ □ □	nicht zielorientiert
abwechslungsreich	□ □ □ □ □ □	nicht abwechslungsreich
wahllos verwendet	□ □ □ □ □ □	sinnvoll ausgewählt
der Größe der Gruppe angepaßt	□ □ □ □ □ □	die Gruppengröße mißachtend

Institut für interdiszplinäre Forschung und Fortbildung (IFF), Universitätslehrgang Politische Bildung/ Master of Advanced Studies (MAS) - Civic Education, Universität Innsbruck, Universitätsstr. 15, 6020 Innsbruck.., Tel. 0 512/507-70 65, Fax 0 512/507-28 49; e-mail: peter.filzmaier@uibk.ac.at

13. Die Seminarleitung und – ReferentInnen wirkten	1 2 3 4 5 6	
gut vorbereitet	□ □ □ □ □ □	schlecht vorbereitet
fachlich inkompetent	□ □ □ □ □ □	fachlich kompetent
freundlich	□ □ □ □ □ □	unfreundlich
zuwenig flexibel	□ □ □ □ □ □	zu flexibel
konzentriert	□ □ □ □ □ □	unkonzentriert
versiert	□ □ □ □ □ □	ungeübt
zu distanziert	□ □ □ □ □ □	zu kollegial

14. Ich fühlte mich im Seminar	1 2 3 4 5 6	
unzufrieden	□ □ □ □ □ □	zufrieden
positiv gefördert	□ □ □ □ □ □	zuwenig gefördert
in meiner Kreativität unterstützt	□ □ □ □ □ □	in meiner Kreativität gehindert
stark gefordert	□ □ □ □ □ □	zuwenig gefordert
zur Mitarbeit motiviert	□ □ □ □ □ □	von Mitarbeit abgehalten
optimal betreut	□ □ □ □ □ □	ungenügend betreut
ernst genommen	□ □ □ □ □ □	übergangen
wohl	□ □ □ □ □ □	nicht wohl

15. Die Inhalte dieses Seminars waren	1 2 3 4 5 6	
mir nicht neu	□ □ □ □ □ □	mir neu
mir zu realitätsfern	□ □ □ □ □ □	sehr realitätsnah
schwer zugänglich	□ □ □ □ □ □	leicht zu begreifen
tagespolitisch aktuell	□ □ □ □ □ □	veraltet
von brauchbaren Unterlagen und Materialien begleitet	□ □ □ □ □ □	von sinnlosen Unterlagen und Materialien begleitet
gut in die Arbeitspraxis übernehmbar	□ □ □ □ □ □	nicht in die Praxis übernehmbar

16. Die Inhalte des Seminars haben	1 2 3 4 5 6	
mich verunsichert	□ □ □ □ □ □	mich in meinen Ansichten bestätigt
mich zu neuen Ideen inspiriert	□ □ □ □ □ □	mich nicht zu neuen Ideen inspiriert
mein Interesse am Thema erhöht	□ □ □ □ □ □	mein Interesse am Thema verringert

Institut für interdiszplinäre Forschung und Fortbildung (IFF), Universitätslehrgang Politische Bildung/ Master of Advanced Studies (MAS) - Civic Education, Universität Innsbruck, Universitätsstr. 15, 6020 Innsbruck.., Tel. 0 512/507-70 65, Fax 0 512/507-28 49; e-mail: peter.filzmaier@uibk.ac.at

17. Ich habe im/durch das Seminar	1 2 3 4 5 6	
stark profitiert	□ □ □ □ □ □	nicht profitiert
alles verstanden	□ □ □ □ □ □	nichts verstanden
mich wenig beteiligt	□ □ □ □ □ □	mich viel beteiligt
meistens gewußt, worum es geht	□ □ □ □ □ □	fast nie gewußt, worum es geht
meine Motivation verloren	□ □ □ □ □ □	meine Motivation gestärkt

Nun noch einige Fragen zu Ihrer Motivation für das Seminar/den Lehrgang:

Bitte beurteilen Sie die folgenden Aussagen wieder anhand der vorgegebenen Skala:

18. Was hat Sie dazu bewogen, eine Veranstaltung zur Politischen Bildung zu absolvieren?

	1 2 3 4 5
Interesse an Politik	□ □ □ □ □
Freude an Fortbildung	□ □ □ □ □
der Wunsch, die tagespolitischen Geschehnisse besser zu verstehen	□ □ □ □ □
Interesse an der Frage, wie sich Politische Bildung am besten weitergeben läßt	□ □ □ □ □
der Umstand, daß mein Beruf viel mit Politik zu tun hat	□ □ □ □ □
Interesse am Themenbereich der Politischen Bildung	□ □ □ □ □
Pflicht zur Fortbildung	□ □ □ □ □
Interesse den gesamten Lehrgang zu besuchen und einen akademischen Abschluß zu erhalten	□ □ □ □ □
(1 = trifft zu; 5 = trifft überhaupt nicht zu)	

19. Was hat Sie dazu bewogen, dieses Seminar zu besuchen?

	1 2 3 4 5
Es paßt zum eigenen Unterrichtsfach.	□ □ □ □ □
Der Zeitpunkt ist günstig.	□ □ □ □ □
Ich habe (in anderem Rahmen) ein ähnliches Seminar besucht, das mir gefallen hat.	□ □ □ □ □
Der Veranstaltungsort liegt für mich günstig.	□ □ □ □ □
Es gab Platzmangel in anderen Seminaren meiner Wahl.	□ □ □ □ □
Ich interessiere mich für das Seminarthema.	□ □ □ □ □
Es handelt sich um ein Pflichtseminar im Lehrgang Politische Bildung.	□ □ □ □ □
Es ist mir ausdrücklich empfohlen worden.	□ □ □ □ □
Die Auswahl der Vortragenden hat mich aufmerksam gemacht.	□ □ □ □ □
(1 = trifft zu; 5 = trifft überhaupt nicht zu)	

Institut für interdiszplinäre Forschung und Fortbildung (IFF), Universitätslehrgang Politische Bildung/ Master of Advanced Studies (MAS) - Civic Education, Universität Innsbruck, Universitätsstr. 15, 6020 Innsbruck.., Tel. 0 512/507-70 65, Fax 0 512/507-28 49; e-mail: peter.filzmaier@uibk.ac.at

20. Könnten Sie sich vorstellen ein auf diesem Seminar aufbauendes weiteres Seminar zu besuchen?	□ ja	□ nein

21. Hätten Sie vorher gewußt, wie dieses Seminar abläuft, hätten Sie es auch dann besucht?	□ ja	□ nein

Bei den kommenden Fragen verwenden Sie bitte das Schulnotensystem
(1 = sehr gut; 5 = nicht genügend):

22. Seminar-Beurteilung:	**1 2 3 4 5**
Insgesamt beurteile ich das Seminar mit	□ □ □ □ □
Im Vergleich mit den anderen Seminaren des Lehrgangs Politische Bildung beurteile ich diese LV mit. (Achtung: Nur zu beantworten, falls bereits andere Seminare des Lehrgangs besucht wurden!)	□ □ □ □ □
Die Leistungen der Seminarleitung und –Referentinnen beurteile ich mit	□ □ □ □ □
Im Vergleich zu anderen Veranstaltungen im Bereich Politische Bildung außerhalb des Lehrgangs beurteile ich das Seminar mit. (Nur zu beantworten, falls bereits Veranstaltungen zur Politischen Bildung außerhalb des Lehrgangs besucht wurden!)	□ □ □ □ □

Wir bitten Sie, die nächste Frage mit eigenen Worten zu beantworten. Je mehr Sie uns auf diese Weise mitteilen und je konkreter Sie dabei werden, desto leichter wird es fallen, Ihre Beiträge in kommende Lehrveranstaltungen konstruktiv einzuarbeiten. (Sollten Sie nicht genug Platz zum Schreiben haben, verwenden Sie bitte auch die Rückseite dieses Blattes.)

23. Was hat Ihnen an diesem Seminar besonders gut/am wenigsten gefallen; welche Themen haben Sie am meisten/am wenigsten interessiert; welche Verbesserungen würden Sie vorschlagen?

Institut für interdiszplinäre Forschung und Fortbildung (IFF), Universitätslehrgang Politische Bildung/ Master of Advanced Studies (MAS) - Civic Education, Universität Innsbruck, Universitätsstr. 15, 6020 Innsbruck.., Tel. 0 512/507-70 65, Fax 0 512/507-28 49; e-mail: peter.filzmaier@uibk.ac.at

Nun noch einige allgemeine Fragen:

Bitte beurteilen Sie die folgenden Aussagen anhand der vorgegebenen Skala:

(1 = trifft völlig zu; 5 = trifft überhaupt nicht zu)

24. Was sind ihre wichtigste politischen Informationsquellen, d.h. Quellen aus denen Sie *vorwiegend* Informationen über Politik beziehen?

	1 2 3 4 5
Gespräche mit Familienmitgliedern, Freunden bzw. Bekannten/KollegInnen	□ □ □ □ □
Tageszeitungen	□ □ □ □ □
Zeitschriften	□ □ □ □ □
Fernsehen	□ □ □ □ □
Radio	□ □ □ □ □
Internet	□ □ □ □ □
Anderes:	□ □ □ □ □
(1 = trifft zu; 5 = trifft überhaupt nicht zu)	

25. Und welche würden Sie als ihre *wichtigsten* politische Informationsquelle bezeichnen?

(Achtung, nur eine Antwort möglich!)

Gespräche mit Familienmitgliedern, Freunden bzw. Bekannten/KollegInnen	□
Tageszeitungen	□
Zeitschriften	□
Fernsehen	□
Radio	□
Internet	□
Anderes:	□

26. Wo meinen Sie persönlich, die *glaubwürdigsten* Informationen über Politik zu erhalten?

(Achtung, auch hier nur eine Antwort möglich!)

In Gesprächen mit Familienmitgliedern, Freunden bzw. Bekannten/KollegInnen	□
In Tageszeitungen	□
In Zeitschriften	□
Im Fernsehen	□
Im Radio	□
Im Internet	□
Anderes:	□

Institut für interdiszplinäre Forschung und Fortbildung (IFF), Universitätslehrgang Politische Bildung/ Master of Advanced Studies (MAS) - Civic Education, Universität Innsbruck, Universitätsstr. 15, 6020 Innsbruck.., Tel. 0 512/507-70 65, Fax 0 512/507-28 49; e-mail: peter.filzmaier@uibk.ac.at

27. Wie oft sehen Sie die Abendnachrichten (ZiB I und/oder ZiB II) im Fernsehen?

Täglich oder fast täglich (zumindest 4-5x/Woche)	☐
Regelmäßig (etwa 2-3x/Woche)	☐
Manchmal (höchstens 1x/Woche)	☐
Selten (höchstens 2-3x/Monat)	☐
(Fast) Nie	☐

28. Wie oft sind Sie *online*, um Nachrichten über Politik aus dem Internet zu erhalten?

Täglich oder fast täglich (zumindest 4-5x/Woche)	☐
Regelmäßig (etwa 2-3x/Woche)	☐
Manchmal (höchstens 1x/Woche)	☐
Selten (höchstens 2-3x/Monat)	☐
(Fast) Nie	☐

29. Versuchen Sie bitte, sich an die Woche (Montag bis Samstag) *vor* dem Seminar Politische Bildung zu erinnern. In welchen Informationsquellen haben Sie regelmäßig, d.h. täglich oder fast täglich (zumindest 4-5x/Woche), die Politikberichterstattung verfolgt?

(Mehrfachnennungen möglich!)

In Gesprächen mit Familienmitgliedern, Freunden bzw. Bekannten/KollegInnen	☐
In Tageszeitungen	☐
In Zeitschriften	☐
Im Fernsehen	☐
Im Radio	☐
Im Internet	☐
Anderes:	☐
Keine tägliche/fast tägliche Regelmäßigkeit	☐

Institut für interdiszplinäre Forschung und Fortbildung (IFF), Universitätslehrgang Politische Bildung/ Master of Advanced Studies (MAS) - Civic Education, Universität Innsbruck, Universitätsstr. 15, 6020 Innsbruck.., Tel. 0 512/507-70 65, Fax 0 512/507-28 49; e-mail: peter.filzmaier@uibk.ac.at

30. Und wieviel Zeit (haben Sie in der Woche *vor* dem Seminar Politische Bildung schätzungsweise *durchschnittlich pro Tag* für Ihre politische Information aufgewendet?

	-15 Min.	15-29 Minuten	30-59 Minuten	60+ Minuten
Persönliche Gespräche über Politik	☐	☐	☐	☐
Lesen der Politikseiten in Tageszeitungen	☐	☐	☐	☐
Lesen der Politikseiten in Zeitschriften	☐	☐	☐	☐
Nachrichtenprogramme im Fernsehen	☐	☐	☐	☐
Nachrichtenprogramme im Radio	☐	☐	☐	☐
Politische Informationen aus dem Internet	☐	☐	☐	☐
Anderes:	☐	☐	☐	☐

31. Wovon hängt Ihre Entscheidung, eine bestimmte Partei zu wählen ab?

	1 2 3 4 5
Berichte über die Parteien und ihre Programme in den Medien	☐ ☐ ☐ ☐ ☐
Früher dieselbe gewählt, keine Alternative gefunden	☐ ☐ ☐ ☐ ☐
Diskussionen mit Freunden/Bekannten/Arbeitskollegen	☐ ☐ ☐ ☐ ☐
Aussagen von SpitzenpolitikerInnen in Live-TV-Diskussionen und Interviews	☐ ☐ ☐ ☐ ☐
Ideen/Forderungen/Vorschläge einer Partei vor der Wahl	☐ ☐ ☐ ☐ ☐
Aussagen der Spitzenpolitiker bei Wahlveranstaltungen	☐ ☐ ☐ ☐ ☐
Strategische Gründe (etwa bestehende Koalition verhindern o.ä.)	☐ ☐ ☐ ☐ ☐
Empfehlungen anderer Familienmitglieder	☐ ☐ ☐ ☐ ☐
(1 = trifft zu; 5 = trifft überhaupt nicht zu)	

32. Würden Sie sich selbst als politisch aktiv einschätzen?	☐ ja	☐ nein

33. Wenn ja, in welcher Form? (Mehrfachnennungen möglich)

durch öffentliche Diskussionen, Leserbriefe, Unterschriftenlisten o.Ä.	☐
durch Parteiarbeit/Parteimitgliedschaft	☐
durch aktive Mitgliedschaft bei einer politischen NGO	☐
durch Mitarbeit bei einer Bürgerinitiative	☐
durch meinen Beruf	☐
anders:	☐

Institut für interdiszplinäre Forschung und Fortbildung (IFF), Universitätslehrgang Politische Bildung/ Master of Advanced Studies (MAS) - Civic Education, Universität Innsbruck, Universitätsstr. 15, 6020 Innsbruck.., Tel. 0 512/507-70 65, Fax 0 512/507-28 49; e-mail: peter.filzmaier@uibk.ac.at

34. Wie hoch schätzen Sie die Zeit ein, die Sie wöchentlich in etwa politisch aktiv verbringen?

bis zu 2 Stunden	☐
bis zu 5 Stunden	☐
bis zu 10 Stunden	☐
bis zu 15 Stunden	☐
mehr	☐

,Und zum Schluß bitten wir Sie noch um einige Angaben für unsere Statistik:

STATISTIK

Geschlecht: ☐ männlich ☐ weiblich

Alter: ☐ bis 30 Jahre ☐ 31-40 Jahre ☐ 41-50 Jahre ☐ über 50 Jahre

Aus welchem Bundesland kommen Sie? ________________________________

Beruf: ____

Falls Sie als **LehrerIn** tätig sind,

a) welcher **Schulart** entspricht Ihr Schule?

Volksschule	☐
Hauptschule	☐
AHS	☐
BMHS	☐
BHS	☐
andere:	☐

Institut für interdiszplinäre Forschung und Fortbildung (IFF), Universitätslehrgang Politische Bildung/ Master of Advanced Studies (MAS) - Civic Education, Universität Innsbruck, Universitätsstr. 15, 6020 Innsbruck.., Tel. 0 512/507-70 65, Fax 0 512/507-28 49; e-mail: peter.filzmaier@uibk.ac.at

b) welches **Fach/**welche **Fächer** unterrichten Sie? ______________________________

Wie sind Sie auf das Seminar erstmals aufmerksam geworden? (Bitte nur 1 Antwort)

durch Kolleg/innen und andere Personen, die den Lehrgang oder Einzelseminare selbst absolvieren/absolviert haben (nur für LehrerInnen zu beantworten)	☐
durch Ankündigung an meinem Arbeitsplatz	☐
durch eine andere Veranstaltung im Bildungssektor	☐
durch das Programmheft des Lehrgangs Politische Bildung	☐
durch ein Plakat	☐
anders:	☐

Ist diese Lehrveranstaltung Ihre erste im Rahmen des Lehrgangs?

☐ ja

☐ nein

Besuchen Sie im Rahmen des Lehrgangs Politische Bildung

☐ ein Einzelseminar/wenige Einzelseminare

☐ den Universitätslehrgang und/oder das Master of Advanced Studies-Programm

HERZLICHEN DANK FÜR HRE MITARBEIT!

Institut für interdiszplinäre Forschung und Fortbildung (IFF), Universitätslehrgang Politische Bildung/ Master of Advanced Studies (MAS) - Civic Education, Universität Innsbruck, Universitätsstr. 15, 6020 Innsbruck.., Tel. 0 512/507-70 65, Fax 0 512/507-28 49; e-mail: peter.filzmaier@uibk.ac.at